Andreas Müller

Découvertes

Das Trainingsbuch

1

Klett Lerntraining

Zu diesem Trainingsbuch gehört eine Audio-CD. Mit ihrer Hilfe lernst du, Französisch besser zu verstehen. Die Texte sind im Buch mit dem Symbol gekennzeichnet. Wenn du die Diktate und Lückendiktate schreibst, benutze die Pausentaste, um Zeit zum Schreiben zu haben. Viel Erfolg!

Sprecher: Dr. Gilles Floret, Barbara Krüger, Christelle Souvras
Produktion: Bauer Studios GmbH, Ludwigsburg

Bibliografische Information der Deutschen Nationalbibliothek
Die Deutsche Nationalbibliothek verzeichnet diese Publikation in der Deutschen Nationalbibliografie; detaillierte bibliografische Daten sind im Internet über http://dnb.d-nb.de abrufbar.

Auflage 12 11 | 2014 2013
Die letzten Zahlen bezeichnen jeweils die Auflage und das Jahr des Druckes.

www.klett.de/lernhilfen

Zeichnungen: François Davot, Troyes; Helga Merkle, Albershausen
Umschlaggestaltung: Christian Dekelver, Weinstadt
Satz: Klaus Bauer, Bondorf
Reproduktion: Meyle+Müller GmbH+Co. KG, Pforzheim
Druck: Mediahaus Biering GmbH, München

Printed in Germany
ISBN 978-3-12-929795-7

9 783129 297957

INHALT

LEKTION 1

Der unbestimmte Artikel Singular

Im Französischen gibt es nur zwei grammatische Geschlechter: Maskulinum und Femininum. Im Singular lautet der unbestimmte Artikel im Maskulinum *un* und der unbestimmte Artikel im Femininum *une*.

Thomas est **un** garçon.	Thomas ist **ein** Junge.
Malika est **une** fille.	Malika ist **ein** Mädchen.

1 Trage den unbestimmten Artikel ein. Du findest alle Nomen auch im Lektionstext deines Schulbuchs.

________ nouveau ________ voiture

________ collège ________ garçon

________ chat ________ prénom

________ chien ________ fille

Wenn du es richtig gemacht hast, hast du sechsmal *un* und zweimal *une* geschrieben.

2 Im Lektionstext stecken allerdings noch zwei andere Nomen, bei denen der unbestimmte Artikel nicht erscheint. Schlage die Nomen im Wörterverzeichnis der Lektion nach und trage die Artikel ein.

________ rue ________ professeur

Tipp Achte auch in Zukunft genau auf das Geschlecht eines Nomens und präge es dir gleich beim ersten Vokabellernen ein. So machst du von Anfang an alles richtig.

Das Verb *être* im Singular

être	**sein**
Je **suis** Malika.	Ich **bin** Malika.
Tu **es** Christian.	Du **bist** Christian.
C'**est** Mme Bertaud.	Das **ist** Mme Bertaud.

3 Finde die fehlenden Formen von *être*.

Toi, tu __________ Emma?

Oui, je __________ Emma.

Mme Bertaud, c'__________ une prof sympa?

Tipp

Die Verbformen *es* und *est* werden verschieden geschrieben, aber gleich ausgesprochen, nämlich wie das deutsche „ä". Du siehst, dass es im Französischen oft Buchstaben gibt, die man nicht hört. Deshalb merke dir sowohl die Aussprache als auch das Schriftbild der französischen Wörter gut.

4 Achte darauf, welches Wort vor der Verbform steht. Davon hängt die Verbform im Deutschen wie im Französischen ab. Bei den folgenden Beispielen sind diese Wörter weggelassen worden. Ergänze sie.

_____ suis madame Bertaud, professeur d'allemand.

_____ es Christian?

Christiane, _____ est un prénom de fille!

Sich begrüßen und sich verabschieden

Im Französischen gibt es zwei verschiedene Begrüßungsformeln.
Bonjour! ist etwa mit dem deutschen „Guten Tag!",
Salut! mit dem deutschen „Hallo!" zu übersetzen.

5 Stell dir vor, du bist in Frankreich in einer Gastfamilie. Was sagst du dann zur Begrüßung zu den Gasteltern, was zu den Kindern der Gastfamilie?

zu den Gasteltern: ____________________

zu den Kindern: ____________________

Auch bei der Verabschiedung gibt es zwei Möglichkeiten.
Au revoir! entspricht dem deutschen „Auf Wiedersehen!",
Salut! dem deutschen „Tschüs!".

6 Wie verabschiedest du dich als Austauschschüler am Ende des Schultages von der französischen Lehrerin, wie von den französischen Mitschülern?

von der Lehrerin: ____________________, madame!

von den Mitschülern: ____________________

Wortpaare

7 Um dir die neuen Wörter gut merken zu können, sortiere sie nach ihrer Bedeutung. Trage Gegensatzpaare ein.

oui	**madame**	*oui* ____________	____________
un chat	**moi**	____________	____________
un chien	**une fille**	____________	____________
un garçon	**toi**	____________	____________
non	**monsieur**	____________	____________

Hören und verstehen 1

8 Höre genau hin. Die folgenden Aussagen zu Lektion 1 sind teilweise richtig und teilweise falsch. Kreuze an. Wenn du unsicher bist, lies dir den Lektionstext noch einmal durch.

1. ☐ richtig ☐ falsch
2. ☐ richtig ☐ falsch
3. ☐ richtig ☐ falsch
4. ☐ richtig ☐ falsch
5. ☐ richtig ☐ falsch
6. ☐ richtig ☐ falsch

Hören und nachsprechen 2

9 Höre dir die Sätze an und sprich sie nach. Bei den Lösungen kannst du den Text nachlesen.

Hören und schreiben 3

10 Du hörst den vollständigen Text, aber du hast nur eine unvollständige Mitschrift. Vervollständige sie.

Bonjour, madame. – ________________, Emma. Ça va?

– ________, ça va. C'est un ________________?

– Oui, ______________ Christian, Christian Beckmann.

C'est un garçon ________________. Christian est ______

Berlin. – Bienvenue ______ Paris, Christian!

Das Wesentliche verstehen

11 Wenn du eine Sprache neu lernst, kennst du zunächst nur wenige Wörter. Aber du kannst dir vieles zusammenreimen, wenn du dich nur traust. Die unbekannten Wörter in diesem Telefongespräch wirst du leicht erraten. Kannst du dir auch vorstellen, wie das Missverständnis am Telefon zustande kommt?

– Allô?
– Bonjour, madame.
– Ce n'est pas madame, c'est monsieur.
– Oh pardon, madame.

Informationen heraussuchen

12 Im Internet suchen französische Schülerinnen und Schüler nach Partnern zum Brief- und E-Mail-Austausch. Was erfährst du über sie?

Salut! Je m'appelle Emilie. J'adore les animaux, la nature et le sport, en particulier le basket et le rugby.

Salut à tous! Je m'appelle Rayan. J'ai dix ans. J'adore le foot et le judo. J'aime aussi la lecture et les BD. Je voudrais correspondre avec toi. Salut et à bientôt!

Je m'appelle Cathy. J'ai 13 ans, je mesure 1m60. Je fais du tennis, j'ai un chien. J'aime le sport, surfer sur Internet, les chiens. Je cherche des garçons et des filles entre 12 et 15 ans pour correspondre.

Vincent. Bonjour, je suis nouveau! Je cherche de nouveaux copains et copines sur le Net. Si vous aimez les jeux vidéo comme moi, je suis à votre écoute. J'ai des solutions pour beaucoup de jeux. A bientôt …

Schreibe den passenden Namen dazu.

Er/Sie ist neu am Wohnort: ____________

Er/Sie hat einen Hund: ____________

Er/Sie mag zwei Ballsportarten: ____________

Er/Sie liebt Judo: ____________

LEKTION 2

Der bestimmte Artikel Singular

Der bestimmte Artikel im Französischen heißt *le* im Maskulinum und *la* im Femininum.

Voici **un** crayon. C'est **le** crayon de Christian.
Voici **une** gomme. C'est **la** gomme de Malika.

1 Setze den bestimmten Artikel vor die Nomen der ersten Lektion.

une voiture ______ voiture une rue ______ rue

un collège ______ collège un prénom ______ prénom

un chat ______ chat

2 Setze nun den bestimmten Artikel vor die Nomen der zweiten Lektion.

une bouteille ______ bouteille une poubelle ______ poubelle

un banc ______ banc une porte ______ porte

un papier ______ papier

Vor Vokal werden *le* und *la* auf *l'* verkürzt. Man kann also nicht mehr erkennen, ob ein Nomen maskulin oder feminin ist.
In diesem Fall sollte man sich das Wort mit dem unbestimmten Artikel einprägen.

3 Finde den unbestimmten Artikel zu den folgenden Nomen.
Du kannst im Wortverzeichnis des Schulbuchs nachschlagen.

l'étagère ______ étagère l'affiche ______ affiche

l'arbre ______ arbre

Die Subjektpronomen *il, elle*

Die Subjektpronomen der dritten Person Singular heißen *il* und *elle*. *Il* vertritt ein maskulines Nomen, *elle* vertritt ein feminines Nomen; *il* und *elle* vertreten Personen und Sachen.

4 Ersetze die folgenden Nomen durch das passende Subjektpronomen.

la voiture	________	le magasin	________
le texte	________	l'affiche	________
le chat	________	le carton	________
la papeterie	________	la nature	________

Die Verben auf *-er*: Singular

Die Verben auf *-er* haben im Singular die folgenden Endungen:

chercher	suchen
je cherch**e**	ich suche
tu cherch**es**	du suchst
il/elle/on cherch**e**	er/sie/man sucht

5 Setze die passenden Verbformen ein.

elle	________	(dessiner)	je	________	(poser)
tu	________	(coller)	tu	________	(ramasser)
je	________	(quitter)	il	________	(entrer)
on	________	(regarder)	elle	________	(trouver)

Tipp Die Endungen sind im Schriftbild verschieden, aber diesen Unterschied kann man nicht hören. Man spricht von „stummen" Endungen. Vor einem Verb, das mit einem Vokal beginnt, wird *je* zu *j'*: *j'aime!*

Verben

6 In dieser Lektion lernst du viele Verben kennen. Damit du sie dir besser merken kannst, ordne sie in Gruppen. Schreibe die Verben im Infinitiv in die freien Felder. Der erste Buchstabe ist schon vorgegeben.

Was machst du, wenn du vor einem Zimmer stehst?	Was machst du, wenn du etwas verloren hast?	Was kannst du mit Papier machen?
e ________	c ________	c ________
q ________	r ________	d ________
	t ________	r ________

Präpositionen

Kleine Wörter wie „auf" und „unter" kann man leicht übersehen. Dabei ist es wichtig, ob ein Block auf dem Regal oder unter dem Regal liegt. Die folgenden Präpositionen (Verhältniswörter) sind dir aus der Lektion bekannt:

devant – vor
derrière – hinter
sur – auf
sous – unter
dans – in

7 Vervollständige die Sätze so, dass sie zum Lektionstext passen.

1. Tu trouves le bloc à dessin ________________ l'étagère.
2. La bouteille est ________________ l'arbre.
3. Christian entre ________________ le magasin avec Malika.
4. Malika regarde ________________ une porte.
5. Le carton est ________________ le banc.
6. Christian pose le dessin ________________ le banc.

Hören und verstehen 4

8 Höre genau hin. Die folgenden Aussagen zu Lektion 2 sind teilweise richtig und teilweise falsch. Kreuze an.

1. ☐ richtig ☐ falsch
2. ☐ richtig ☐ falsch
3. ☐ richtig ☐ falsch
4. ☐ richtig ☐ falsch
5. ☐ richtig ☐ falsch
6. ☐ richtig ☐ falsch

Hören und nachsprechen 5

9 Höre dir die folgenden Sätze an und sprich sie nach. Bei den Lösungen kannst du den Text nachlesen.

Hören und schreiben 6

10 Du hörst den vollständigen Text, aber du hast nur eine unvollständige Mitschrift. Vervollständige sie.

Malika respecte la ______________.

Christian est d'accord. Il dessine une affiche.

Pour l'affiche, il ______________ un bloc à dessin dans la papeterie de Mme Rollin.

Il quitte le ______________. Malika trouve __________ cour derrière une ______________.

Christian entre __________ la cour avec Malika.

Emma est __________ aussi.

Das Wesentliche verstehen

Christian und Malika wollen ein Plakat zum umweltbewussten Verhalten machen. Eine französische Gemeinde erklärt den Einwohnern ebenfalls mit einem Plakat, was bei der Mülltrennung *(le tri)* in welchen Container *(le conteneur)* gehört. Mit ein wenig Kombinationsgabe und Fantasie kannst du sicher manches verstehen.

11 Lies den Text des Plakats durch und kreuze an, welche Aussagen mit den Mülltrenn-Tipps übereinstimmen.

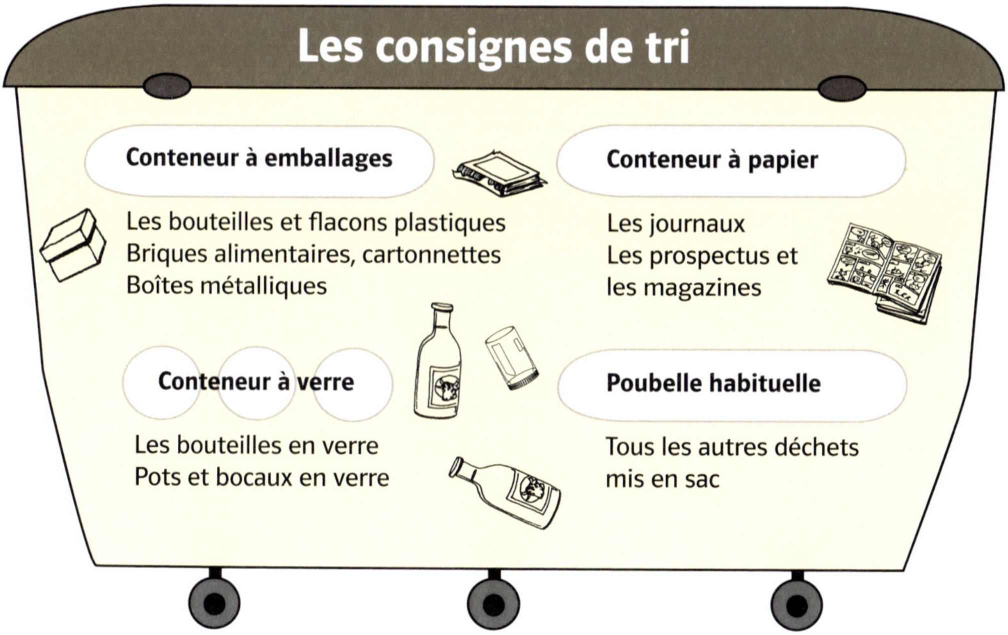

	richtig	falsch
In den *conteneur à emballages* kommen die Plastikflaschen.	☐	☐
Metalldosen kommen in den *conteneur à verre.*	☐	☐
Prospekte und Magazine kommen in die *poubelle habituelle.*	☐	☐
Abfall für die *poubelle habituelle* muss in Säcken verpackt sein.	☐	☐

LEKTION 3

Der bestimmte Artikel im Plural

Der Plural des bestimmten Artikels heißt immer *les*.

le garçon	–	**les** garçon**s**	der Junge	–	**die** Jungen
la rue	–	**les** rue**s**	die Straße	–	**die** Straßen

Wenn du den bestimmten Artikel im Plural verwendest, musst du auch das Nomen in den Plural setzen, indem du ein *-s* an die Singularform hängst.

1 Setze die folgenden Nomen in den Plural.

la bouteille _____ ______________ le voisin _____ ______________

le magasin _____ ______________ la voisine _____ ______________

l'arbre _____ ______________ l'étagère _____ ______________

Tipp

Aus den Pluralformen kann man nicht mehr ablesen, welcher bestimmte Artikel im Singular richtig ist. Das ist ein Grund mehr, die Nomen mit dem grammatischen Geschlecht zu lernen!

2 Kontrolliere dich, indem du die Pluralformen der folgenden Nomen in den Singular setzt.

les gommes _____ ______________

les squares _____ ______________

les bancs _____ ______________

les poubelles _____ ______________

Der unbestimmte Artikel im Plural

Im Französischen gibt es eine Form, die wir im Deutschen nicht haben: den unbestimmten Artikel im Plural. Der Plural des unbestimmten Artikels heißt immer *des*.

un dessin	– **des** dessin**s**	eine Zeichnung	– ⎵ Zeichnungen
une affiche	– **des** affiche**s**	ein Plakat	– ⎵ Plakate

Denke daran, an die Nomen im Plural ein *-s* anzuhängen.

3 Setze nun die folgenden Wörter in den Plural.

un garçon ______ ________________ une porte ______ ________________

un chat ______ ________________ un carton ______ ________________

une affiche ______ ________________ une voiture ______ ________________

4 Nach diesem Training schaffst du es sicher auch, die folgenden Wörter ins Französische zu übersetzen.

Hunde ______ ________________

Lehrer ______ ________________

Schreibwarengeschäfte ______ ________________

Mädchen ______ ________________

5 Zum Abschluss kannst du auch beim unbestimmten Artikel überprüfen, ob du das grammatische Geschlecht der Nomen gut gelernt hast, indem du Pluralformen in den Singular setzt.

des chiens ______ ________________ des places ______ ________________

des photos ______ ________________ des collèges ______ ________________

Die Subjektpronomen und die Verben auf *-er* im Plural

Den Singular der Verben auf *-er* kennst du schon. Wenn du nicht mehr sicher bist, wie man die Formen bildet, gehe zurück zu Lektion 2. In dieser Lektion kommt der Plural hinzu.

Zur Bildung des Plurals der Verben auf *-er* musst du die Subjektpronomen im Plural und die zugehörigen Verb-Endungen kennen. Die Subjektpronomen heißen *nous, vous, ils, elles.* Die Verben auf *-er* haben im Plural die Endungen *-ons, -ez, -ent.* Nur die Endungen *-ons* und *-ez* werden ausgesprochen.

nous cherch**ons**	wir suchen
vous cherch**ez**	ihr sucht / Sie (Höflichkeitsform) suchen
ils/elles cherch**ent**	sie suchen

Beachte: Wenn alle gemeinten Nomen feminin sind, sagt man *elles*, sonst immer *ils*.

6 Trage die passenden Verbformen ein.

vous ____________________ (coller)

ils ____________________ (ramasser)

elles ____________________ (aimer)

nous ____________________ (entrer)

ils ____________________ (quitter)

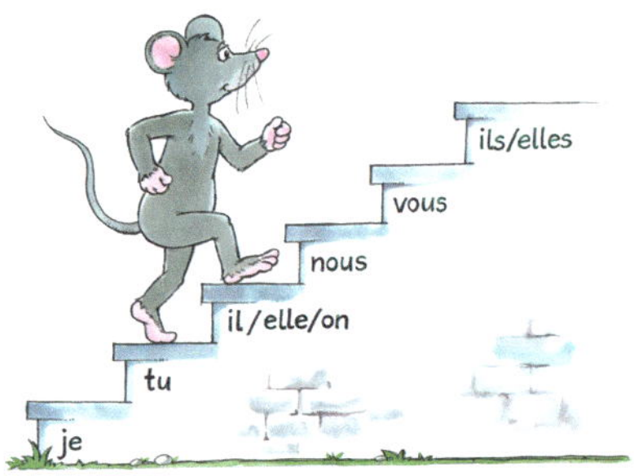

7 Und nun umgekehrt: Ergänze die fehlenden Subjektpronomen.

__________ regardent (Malika, Emma)

__________ trouvons

__________ posent (Malika, Christian)

__________ marquez

__________ respectons

8 Übersetze.

sie betrachten (Victor, Christian) ______ ______________________

ihr zeichnet ______ ______________________

wir verlassen ______ ______________________

sie finden (Mme Bertaud, Emma) ______ ______________________

ihr hebt auf ______ ______________________

Das Verb *être* im Plural

Den Singular von *être* (sein) kennst du schon. Wenn du nicht mehr sicher bist, wie man die Formen bildet, gehe zurück zu Lektion 1. Jetzt kommt auch für *être* der Plural hinzu.

Die Subjektpronomen im Plural sind dir schon von den Verben auf *-er* bekannt. Die Verbformen sind unregelmäßig.

nous **sommes**	wir sind
vous **êtes**	ihr seid / Sie sind
ils/elles **sont**	sie sind

9 Vervollständige die folgenden Sätze.

Toi et moi, ______ ______________________ copains.

Elle et toi, ______ ______________________ voisins.

Emma et Christian? ______ ______________________ sur le dessin.

Lies dir die Sätze einmal laut vor. Wenn du sie richtig aussprichst, klingt es wie ein Gedicht.

Verben im Plural

10 Jetzt bist du fit für eine kleine Misch-Übung. Übersetze.

wir zeichnen	______	______________
ihr liebt	______	______________
ihr seid	______	______________
sie sind (zwei Jungen)	______	______________
sie finden (zwei Mädchen)	______	______________
wir sind	______	______________

Verben im Singular und im Plural

11 Setze die passenden Verbformen ein.

je ______ (être)	je ______ (dessiner)	j' ______ (aimer)
tu ______ (ramasser)	tu ______ (marquer)	tu ______ (être)
il ______ (entrer)	elle ______ (être)	on ______ (coller)
nous ______ (être)	nous ______ (chercher)	nous ______ (quitter)
vous ______ (respecter)	vous ______ (être)	vous ______ (regarder)
elles ______ (trouver)	ils ______ (poser)	elles ______ (être)

Die Possessivbegleiter: *mon, ton, son / ma, ta, sa / mes, tes, ses*

Außer dem Artikel können auch andere Begleiter vor dem Nomen stehen, zum Beispiel die Possessivbegleiter. Sie machen deutlich, wem eine Sache gehört. Die Possessivbegleiter richten sich nach dem Genus und Numerus des folgenden Nomens, nicht nach dem Genus des „Besitzers".

mon copain	– **ma** copine	– **mes** copains	mein/e Freund/in/e
ton copain	– **ta** copine	– **tes** copains	dein/e Freund/in/e
son copain	– **sa** copine	– **ses** copains	sein/e / ihr/e Freund/in/e

Beachte: *son* heißt „sein" und „ihr". Man hat also, anders als im Deutschen, bei einem männlichen und einem weiblichen „Besitzer" dasselbe Wort.

12 Übersetze die folgenden Sätze.

Emma aime son chat. ______________________________

Christian aime son dessin. ______________________________

mon, ton, son wird auch bei femininen Nomen verwendet, die mit einem Vokal beginnen – damit gebunden werden kann.

un chat	mon chat	meine Katze
une étagère	**mon** étagère	mein Regal

13 Jetzt kannst du die Possessivbegleiter richtig vervollständigen.

m_____ professeurs

t_____ rue

s_____ collège

m_____ classe

s_____ voiture

s_____ chien

t_____ dessins

t_____ gomme

m_____ affiche

s_____ crayons

14 Sage nun, wem was gehört.

Beispiel: La flûte est à moi – c'est ma flûte.

1. Le dessin est à moi – c'est ________ dessin.
2. Le crayon est à toi – c'est ________ crayon.
3. Le chien est à Christian – c'est ________ chien.
4. Le carton est à Emma – c'est ________ carton.
5. Les cahiers sont à toi – ce sont ________ cahiers.
6. Les blocs à dessin sont à moi – ce sont ________ blocs à dessin.
7. Les étagères sont à Malika – ce sont ________ étagères.
8. Les affiches sont à Victor – ce sont ________ affiches.

Nomen: Familie

15 Ein Thema der Lektion ist die Familie. Du kannst dir die dazugehörigen Vokabeln gut anhand der Lehrbuchfamilie Carbonne einprägen.

Mme Carbonne est la ______________ de M. Carbonne.

M. Carbonne est le ______________ de Mme Carbonne.

Ce sont les ________________ d'Emma.

Emma, Valentin et Manon sont les ________________

de Mme et M. Carbonne.

Emma et Manon sont les ________________ de Valentin.

Valentin est le ______________ d'Emma et Manon.

Nomen: Wohnung

16 In dieser Lektion gibt es viele Vokabeln, die mit dem Thema „Wohnung" zu tun haben. Erkennst du sie? Setze aus den Buchstaben die richtigen Wörter zusammen und füge den unbestimmten Artikel hinzu. Der erste Buchstabe ist richtig vorgegeben.

seall ed binas   une   s______________________________

csiineu   _____   ______________________________

cmbrhae   _____   ______________________________

pcèei   _____   ______________________________

amnpprttaee   _____   ______________________________

mnoais   _____   ______________________________

seall à aemnrg   _____   ______________________________

éeagt   _____   ______________________________

Verben

17 In der Familie Carbonne wird viel diskutiert. Deshalb lernst du in dieser Lektion einige Verben kennen, die zu dem Sachfeld „Gespräch" gehören. Ergänze die fehlenden Buchstaben, um die Infinitivformen zu erhalten.

t		l	é	p					■	é		o					
d		s	c					■	r		c			t			

18 Setze die passenden Verben aus Übung 17 ein. Achte auch auf die richtige grammatische Form.

Emma ______________________ son idée à Manon.

Manon ______________________ sa sœur.

Les filles ______________________ l'idée.

Manon: Alors, tu ______________________ à Mme Leclerc, Emma?

– D'accord.

19 Bei den Gesprächen in der Familie Carbonne geht es um die neue Wohnung. Deshalb haben mehrere Verben mit dem Wohnen, dem Besichtigen von Wohnungen, dem Bleiben oder dem Weggehen zu tun. Wie heißen die Verben? Vervollständige das Raster.

v			i				■	r			t			
h				t			■	q				t		

20 Setze die passenden Verben aus Übung 19 ein. Achte auch auf die richtige grammatische Form.

La famille Carbonne ____________________ rue Richard Lenoir. Les parents

__________________________ des appartements à Paris et en banlieue.

M. Carbonne: Nous _________________________ l'appartement dans trois mois.

Emma: Non, nous _______________________ ici, avec les copains et les copines.

Zahlen

21 Schreibe die französischen Zahlen von 1 bis 10 in die richtigen Felder. Es sind jeweils ein Buchstabe sowie die Gesamtzahl der Buchstaben vorgegeben. Schreibe die Zahl nach dem Gleichheitszeichen als Ziffer daneben.

_ n = ______

d _ _ = ______

s _ _ = ______

c _ _ _ = ______

_ _ _ x = ______

h _ _ _ = ______

_ _ _ f = ______

s _ _ _ = ______

_ _ _ _ s = ______

q _ _ _ _ _ = ______

Hören und verstehen 7

22 Höre genau hin. Die folgenden Aussagen zu Lektion 3 sind teilweise richtig und teilweise falsch. Kreuze an.

1. ☐ richtig ☐ falsch
2. ☐ richtig ☐ falsch
3. ☐ richtig ☐ falsch
4. ☐ richtig ☐ falsch
5. ☐ richtig ☐ falsch
6. ☐ richtig ☐ falsch

Hören und nachsprechen 8

23 Höre dir die folgenden Sätze an und sprich sie nach. Bei den Lösungen kannst du den Text nachlesen.

Hören und schreiben 9

24 Du hörst den vollständigen Text, aber du hast nur eine unvollständige Mitschrift. Vervollständige sie.

__________, madame Leclerc? C'est Emma Carbonne,

je téléphone __________ la maison. – Emma Carbonne? Ah, oui,

la famille Carbonne. Tes parents __________ ma maison. –

Oui, mais il y a une __________: Mon chien,

c'est un doberman et __________ la guitare électrique.

C'est un __________ pour vous? – Quelle horreur!

On aime le __________ à Montrouge. Les Carbonne

dans ma maison, __________ non!

Informationen heraussuchen

Nach der Absage von Mme Leclerc sucht die Familie Carbonne gemeinsam nach einer Wohnung im alten Wohnviertel. Stelle dir vor, dass sie bei der Suche auf die folgenden Anzeigen stößt.

Appartement A

Appartement 6 pièces, 75012 Paris, 2600 Euros, 149 m², Gare de Lyon, bel immeuble pierre de taille, 3e étage, hall d'entrée, séjour, cuisine, 4 chambres, 2 salles de bains, wc, cave. Pour visiter: tél. au 01 42 47 00 24

Appartement B

Appartement 5 pièces
75012 Paris
1763 Euros
107 m², Avenue Ledru Rollin, dans immeuble pierre de taille, situé au 1er étage avec ascenseur, comprenant entrée, double séjour, 3 chambres, salle de bains, WC, cuisine. Entièrement refait à neuf. Libre de suite.
Tél. 01 58 56 44 44

25 Entnimm den Anzeigen die Antwort auf folgende Fragen:

1. In welchem Stockwerk liegt die Wohnung?
2. Wie viele Schlafzimmer gibt es?
3. Wie hoch ist die monatliche Miete?

App. A

1. ______________________
2. ______________________
3. ______________________

App. B

1. ______________________
2. ______________________
3. ______________________

Plattform 1 (Lektion 1 – 3)

Wer den Eiffelturm zu Fuß besteigen will, sollte zwischendurch auch mal Pause machen – um den Blick zu genießen und Kraft für den weiteren Aufstieg zu schöpfen. Dazu eignen sich die Aussichts-Plattformen.

Genauso kannst du mit „Découvertes – Das Trainingsbuch“ lernen. Du hast jetzt den Stoff der ersten drei Lektionen kennen gelernt und kommst auf der ersten Plattform an. Zeit für einen

RÜCKBLICK um sich zu vergewissern, dass die wichtigsten Inhalte von Grammatik und Wortschatz „sitzen“

EINBLICK in sprachliche Erscheinungen, die bisher vorgekommen, aber nicht im Zusammenhang erklärt worden sind

AUSBLICK auf den selbstständigen Umgang mit dem Lernstoff, das heißt: die Verwendung des Gelernten in schwierigeren Aufgaben.

Und das sind die Themen der ersten Plattform:

RÜCKBLICK auf die Artikel, die Verbkonjugation, den Wortschatz an Nomen und Verben

EINBLICK in Fragen und Akzente

AUSBLICK mit Diktat, Übersetzung und Bildergeschichte.

Immer wenn du beim Rückblick unsicher bist, solltest du dir die entsprechenden Übungen der Kapitel 1 bis 3 noch einmal ansehen. Denn nur wer solide Grundlagen hat, wird es sicher bis nach ganz oben schaffen. Und das lohnt sich – wegen der schönen Aussicht!

Artikel

unbestimmter Artikel		
Singular, maskulinum	**un**	garçon
Singular, femininum	**une**	fille
Plural	**des**	garçons, filles
bestimmter Artikel		
Singular, maskulinum	**le**	copain
Singular, femininum	**la**	copine
Singular vor Vokal	**l'**	arbre, étagère
Plural	**les**	copains, copines

1 Anwendungstest

«Anne Frank», c'est le nom d'_______ collège à Paris.

Christian trouve _______ copains et _______ copines à «Anne Frank».

Christian: Emma est _______ fille sympa.

Manon est _______ sœur d'Emma.

_______ filles sont contre _______ idée d'_______ maison à Montrouge.

Emma appelle _______ propriétaire.

D'abord, _______ parents Carbonne sont en colère.

Mais maintenant, _______ famille cherche _______ appartement de cinq pièces dans _______ quartier.

Der Infinitiv und die konjugierten Formen

Du hast jetzt schon eine ganze Menge Verben kennen gelernt. Aber wenn du sie wiederholst, weißt du manchmal nicht mehr genau, welche Form du dir merken sollst, weil das Verb mal so und mal so geschrieben wird. Merke dir am besten von jedem Verb die Grundform, den Infinitiv. Vom Infinitiv lassen sich die meisten anderen, also die konjugierten Formen leicht ableiten. Es sind außerdem die Formen, die in Vokabelverzeichnissen und Wörterbüchern aufgeführt werden – und die du bei Vokabeltests wissen sollst.

2 Schreibe neben jede Verbform die dazugehörige Infinitivform.

In Texten gefundene Verbformen	Infinitiv
ramassent	
es	
regardez	
joue	
sont	
cherchons	
aimes	
trouvez	
suis	
entre	

Verben auf *-er* und *être*

		chercher	être
Singular			
1. Person	je	cherch**e**	suis
2. Person	tu	cherch**es**	es
3. Person	il, elle, on	cherch**e**	est
Plural			
1. Person	nous	cherch**ons**	sommes
2. Person	vous	cherch**ez**	êtes
3. Person	ils, elles	cherch**ent**	sont

3 Anwendungstest

1. Christian et Malika ________________ (aimer) la nature. Ils ____________ (être) sur un banc dans le square Trousseau.
   Malika: Tu ____________________ (ramasser) des papiers avec moi?
   Christian: Je _________________ (être) d'accord.

2. *Malika:* Maintenant, tu _______________ (dessiner) une affiche pour le square?
   Christian: Zut! Le bloc à dessin _________________ (être) vide.
   Malika: Viens, il y a une papeterie dans le quartier. On _________________ (trouver) tout (= alles) pour le dessin. – Ils ___________ (entrer) dans le magasin.
   Christian: Bonjour, madame, nous _______________________ (chercher) un bloc à dessin et aussi des crayons.
   Mme Rollin: Ah! Vous _________________ (être) des artistes (= Künstler)!
   Alors, vous _______________________ (regarder) sur l'étagère. Devant les blocs, vous _______________________ (trouver) aussi des gommes et des crayons.
   Les enfants: Merci, madame.

Nomen: Personen-Bezeichnungen

4 Vervollständige die Übersicht.

	ein Junge	une fille	
un frère			eine Schwester
	ein Ehemann	une femme	
	ein Freund		eine Freundin
un voisin			eine Nachbarin
	ein Eigentümer		eine Eigentümerin
	ein Lehrer	un professeur	
un enfant			die Eltern

Verben auf *-er*

5 Vervollständige die Übersicht mit Verben im Infinitiv.

ai__________	éc__________	qu__________	re__________
ch__________	en__________	ra__________	rê__________
co__________	jo__________	ra__________	so__________
de__________	ma__________	re__________	tr__________
di__________	po__________	re__________	vi__________

Die Verben haben die Bedeutung (von oben nach unten, von links nach rechts): lieben, suchen, kleben, zeichnen, diskutieren; zuhören, eintreten, spielen, schreiben, stellen; verlassen, erzählen, aufheben, ansehen, respektieren; bleiben, träumen, klingeln, finden, besichtigen.

Fragen

Entscheidungsfragen	Malika, c'est une fille? C'est la sœur d'Emma? C'est Malika?	Oui. Non, c'est sa copine. Oui. Non, c'est Emma.
Ergänzungsfragen	Tu t'appelles **comment**? **Qui** est-ce? **Qui** est Emma? **Que** fait Emma? **Qu**'est-ce que c'est? C'est **où**, l'appartement?	Je m'appelle Malika. C'est Emma. C'est la copine de Malika. Elle téléphone à Mme Leclerc. C'est l'appartement de la famille Carbonne. C'est dans la rue Richard Lenoir.

6 Finde die passende Frage.

1. ______________________? Je m'appelle Valentin.
2. ______________________? Valentin, c'est le frère d'Emma.
3. ______________________? Valentin joue avec l'ordinateur.
4. ______________________? C'est la maison de Mme Leclerc.
5. ______________________ ______________________? La maison de Mme Leclerc est à Montrouge.
6. ______________________ ______________________? Non, Emma est contre la maison à Montrouge.

Akzente

Anders als im Deutschen gibt es im Französischen auf Buchstaben für Vokale (Selbstlaute: a, e, i, o, u) manchmal Striche, die so genannten Akzente *(accents)*. Bei den Buchstaben a, i, o und u haben die Akzente keine Bedeutung für die Aussprache. Durch Akzente kann man aber manchmal zwei sonst gleich geschriebene Wörter unterscheiden, zum Beispiel den bestimmten Artikel *la* (in *la fille*) und das Adverb *là* (in *Emma est là*). Bei dem Buchstaben e ergibt sich jedoch aus unterschiedlichen Akzenten auch eine unterschiedliche Aussprache: *é (accent aigu)* wird hell wie das deutsche „e", *è (accent grave)* und *ê (accent circonflexe)* dagegen wie das deutsche „ä" ausgesprochen.

Wenn man die Wörter in Großbuchstaben schreibt, braucht man die Akzente nicht zu setzen. Aber bei der Kleinschreibung werden sie gesetzt.

7 Schreibe die folgenden Sätze, die in Großschreibung vorgegeben sind, in kleinen Buchstaben mit den nötigen Akzenten.

LES PARENTS D'EMMA REVENT DE CINQ PIECES.
EMMA TROUVE UNE IDEE. ELLE TELEPHONE A MONTROUGE.
LES PARENTS SONT EN COLERE, MAIS SON FRERE CHERCHE DEJA DES APPARTEMENTS A PARIS SUR INTERNET.

Diktat 10

8 Schreibe das Diktat. Dann vergleiche deine Fassung mit der Lösung im Lösungsteil. Markiere die Fehler und schreibe die falschen Stellen einmal richtig, damit sich die richtige Schreibweise einprägt.

Übersetzung

9 Emma, Malika und Christian wohnen in Paris.
Sie lieben das Viertel und die Freunde.
Aber die Eltern von Emma träumen
von fünf Zimmern.
Sie finden ein Haus in Montrouge.
Emma und Manon sind wütend.
Sie sagen: Wir bleiben in Paris.

Bildergeschichte

10 Schreibe zu jedem Bild einen kleinen Text. Verwende dazu die Wörter und Ausdrücke aus den bisherigen Lektionen. Sieh im Schulbuch nach, wenn du nicht weiter weißt. Die Lösung im Lösungsteil kann in diesem Fall nicht die einzige richtige sein. Vergleiche sie aber dennoch mit deiner Lösung und korrigiere deine Fassung, wenn du beim Vergleich Fehler entdeckst.

①

1. ______________________________

____

____

②

2. ______________________________

____

③

3. ______________________________

____

④

4. ______________________________

____

____

LEKTION 4

Die Präpositionen *à* und *de* und der bestimmte Artikel

Wenn die Präpositionen *à* und *de* mit den bestimmten Artikeln *le* und *les* zusammentreffen, verschmelzen die beiden Wörter. Wenn *à* und *de* auf *la* oder *l'* treffen, ändert sich jedoch nichts.

à + le	→	**au**	de + le	→	**du**
à + la	→	à la	de + la	→	de la
à + l'	→	à l'	de + l'	→	de l'
à + les	→	**aux**	de + les	→	**des**

1 Setze die Verbindung der Präposition *à* mit dem bestimmten Artikel ein.

Emma est ___________ téléphone.

Valentin est ___________ ordinateur.

Manon est ___________ porte.

Les copains sont ___________ square.

Malika est ___________ école.

Christian est ___________ W.-C.

2 Setze die Verbindung der Präposition *de* mit dem bestimmten Artikel ein.

C'est la chambre ___________ frère d'Emma.

C'est la chambre ___________ parents d'Emma.

C'est une photo ___________ chat d'Emma.

C'est une photo ___________ appartement ___________ famille Carbonne.

Anne Frank, c'est le collège ___________ copains.

5, rue Racine, c'est l'adresse ___________ propriétaire, Mme Leclerc.

Das Verb *faire*: Präsens

faire	machen
je **fais**	ich mache
tu **fais**	du machst
il, elle, on **fait**	er, sie, man macht
nous **faisons**	wir machen
vous **faites**	ihr macht / Sie machen
ils, elles **font**	sie machen

Tipp Präge dir besonders die unregelmäßigen Formen der 2. und 3. Person Plural ein. Beachte die besondere Aussprache der 1. Person Plural: [nufəzõ].

3 Vervollständige die Sätze.

Qu'est-ce que tu ________________ ? – Je ________________ un dessin.

Qu'est-ce qu'ils ________________, les copains?

Ils ________________ des photos.

Que ________________ Christian?

Il ______________ une affiche. Et qu'est-ce que

vous ______________, vous?

Nous ________________ de la musique.

4 Vervollständige das Raster mit Formen von *faire*.

v	o		s	f	a			e		■	i	l	f		i		
	e	f			s	■	n		u		f	a					s
e		l					n		■		u	f		i			

Das Verb *avoir*: Präsens

avoir	haben
j'**ai**	ich habe
tu **as**	du hast
il, elle, on **a**	er, sie, man hat
nous **avons**	wir haben
vous **avez**	ihr habt / Sie haben
ils, elles **ont**	sie haben

5 Vervollständige die Sätze.

Ça va, Christian? Tu ________ déjà des copains à Paris?

Oui, j' ____________ des copains – et des copines.

Et il y ____________ un collège dans ton quartier?

Oui, c'est super: ils ____________ des profs sympas.

Vous ____________ un appartement ou une maison?

Nous ____________ un 4 pièces. C'est bien pour Paris.

6 Vervollständige das Raster mit Formen von *avoir*.

n			s		v	o				i		s		n	
e			e		o	n				u		s			
'	a	i		v		u		a			z			l	

Tipp

ils‿ont [ilzõ] sie haben
ils sont [ilsõ] sie sind

Achte bei diesen beiden Formen auf die richtige Aussprache – sonst kommt es zu Verwechslungen.

Unregelmäßige Verben – Vergleich

7 Du kennst jetzt drei wichtige unregelmäßige Verben, *être*, *avoir* und *faire*. Verschaffe dir einen Überblick, indem du alle Formen in die Tabelle einträgst.

être	avoir	faire
je ______	j' ______	je ______
tu ______	tu ______	tu ______
il ______	elle ______	on ______
nous ______	nous ______	nous ______
vous ______	vous ______	vous ______
elles ______	ils ______	elles ______

8 Welche Formen sind gemeint? Notiere sie einschließlich Personalpronomen.

a) In der zweiten Person Singular unterscheiden sich zwei Verben nur in einem Buchstaben.

______ ______

b) In der zweiten Person Plural haben zwei Verben die letzten drei Buchstaben gemeinsam.

______ ______

c) In der dritten Person Plural sind bei allen drei Verben die letzten drei Buchstaben gleich.

______ ______ ______

Tipp Präge dir die unregelmäßigen Verben gut ein, denn sie kommen genauso oft vor wie ihre deutschen Entsprechungen „sein“, „haben“ und „machen“.

Die Verneinung mit *ne … pas*

Im Französischen wird die Verneinung mit den zwei Verneinungswörtern *ne* und *pas* gebildet. Sie umklammern das konjugierte Verb. Vor Vokal und vor stummem *h* wird *ne* zu *n'* verkürzt.

Malika dessine l'affiche pour la nature? Non, elle **ne** dessine **pas** l'affiche.	Nein, sie zeichnet das Plakat **nicht**.
Malika et Emma habitent à Montrouge? Non, elles **n'**habitent **pas** à Montrouge.	Nein, sie wohnen **nicht** in Montrouge.
Madame Leclerc aime les guitares électriques? Non, elle **n'**aime **pas** les guitares électriques.	Nein, sie mag **keine** elektrischen Gitarren.

9 Verneine die folgenden Aussagen.

Christian Beckmann est de Paris.

____

____

Il dessine Malika.

____

Il cherche la papeterie de Mme Rollin.

____

Manon téléphone à Mme Leclerc.

____

Elle aime Montrouge.

____

Manon est la sœur de Christian.

____

10 Übersetze die folgenden verneinten Sätze ins Französische.

1. Du findest das Papiergeschäft nicht?

___

2. Das Papiergeschäft ist nicht hinter der Schule.

___

3. Amandine ist nicht die Katze von Thomas?

___

4. Nein, sie mag den Jungen nicht.

___

5. Wir verlassen Paris nicht?

___

6. Nein, aber wir bleiben nicht in der Wohnung.

___

Tipp

Denke immer daran, dass das deutsche Wort „nicht“ im Französischen durch zwei Wörter wiedergegeben wird: durch *ne* vor dem konjugierten Verb und *pas* danach!

Gemischte Grammatik: Verben und Verneinung

11 Bilde Sätze aus den Satzbausteinen einer Reihe.

Je	collège	au	pas	ne	suis
Tu	affiche	une	Malika	pour	fais
Elle	pas	n’	adresse	l’	a
Nous	Paris	de	pas	ne	sommes
Vous	photos	square	au	des	faites
Elles	un	Berlin	sur	texte	ont

Je ______________________________.

Tu ______________________________.

Elle ______________________________.

Nous ______________________________.

Vous ______________________________.

Elles ______________________________.

Nomen: Freizeitbeschäftigungen

12 In dieser Lektion gibt es viele Nomen, die Freizeitbeschäftigungen bezeichnen. Setze aus den Buchstaben die Wörter zusammen und füge den bestimmten Artikel hinzu. Der erste Buchstabe ist schon richtig vorgegeben.

desna	la d ______	eeaacdls	______
ttrhâée	______	paion	______
foto	______	naaoittn	______
dnesis	______	rrello	______

13 Wenn du sagen willst, dass du die Freizeitbeschäftigung selbst betreibst, nimmst du das Verb *faire* und setzt die Präposition *de* vor den bestimmten Artikel, also zum Beispiel *faire de la musique* (= Musik machen).
Aus *de* + *le* wird natürlich *du*, zum Beispiel *faire du sport* (= Sport treiben).
Bilde jetzt die entsprechenden Ausdrücke zu den Freizeitbeschäftigungen aus Übung 12.

faire de la ______	faire ______
faire ______	faire ______
faire ______	faire ______
faire ______	faire ______

Und was machst du gern in deiner Freizeit?

Moi, je ______

______

______

Verben: Gefühle

14 In dieser Lektion kommen mehrere Verben vor, die mit Gefühlen zu tun haben. Erkennst du sie in dem Buchstabensalat? Der erste Buchstabe ist richtig vorgegeben.

aeirm	a ______________	aiorv prue	______________
aeodrr	______________	ceirr	______________
aiorv eeinv	______________	êert en cèeolr	______________

Zahlen von 11 bis 30

15 Die französischen Zahlen von 11 bis 16 sind besonders schwierig. Dabei sind die letzten beiden Buchstaben immer gleich. Ergänze, was fehlt.

11							z	e
12							z	e
13							z	e
14							z	e
15							z	e
16							z	e

16 Rechne die folgenden Aufgaben und schreibe die Lösung als französische Zahl aus.

10 + 5 = ______________	17 – 3 = ______________
16 + 6 = ______________	25 – 2 = ______________
23 + 7 = ______________	28 – 4 = ______________

Hören und verstehen 11

17 Höre genau hin. Die folgenden Aussagen zu Lektion 4 sind teilweise richtig und teilweise falsch. Kreuze an.

1. ☐ richtig ☐ falsch
2. ☐ richtig ☐ falsch
3. ☐ richtig ☐ falsch
4. ☐ richtig ☐ falsch
5. ☐ richtig ☐ falsch
6. ☐ richtig ☐ falsch

Hören und nachsprechen 12

18 Höre dir die folgenden Sätze an und sprich sie nach. Bei den Lösungen kannst du den Text nachlesen.

Hören und schreiben 13

19 Du hörst den vollständigen Text, aber du hast nur eine unvollständige Mitschrift. Vervollständige sie.

Salut, Emma. Tu joues _____ _________ avec nous?

– Oui. J'aime ________________________, mais

aujourd'hui, le prof n'est pas là. – Et Victor et

Thomas, ils ___________________ aussi? – Non.

Ils restent dans le ________________. Ils _________

de la danse. – Ah bon? Ils aiment la danse? – Non,

ils aiment une ___________ dans le ______________

de danse. – Quelle horreur!

Das Wesentliche verstehen

20 In diesem Jahr bietet der Sportverein des Collège Anne Frank mehrere Sportarten an. Lies zunächst die Informationen auf der Internetseite der Schule durch. Beachte besonders die Zahlenangaben. Kreuze dann an, ob die Aussagen 1–6 zutreffen.

L'association sportive du collège Anne Frank propose cette année quatre activités: basket-ball, danse, hand-ball et tennis de table. Elle regroupe plus de quatre-vingt-cinq membres, filles et garçons. Les élèves ont la possibilité de choisir plusieurs activités.

En **basket-ball**, […] cette année une équipe de benjamins, une équipe de minimes filles et une équipe de minimes garçons sont engagées.

L'équipe de **hand-ball** qui participe actuellement aux phases qualificatives de district et qui comporte plus de douze joueurs est actuellement très bien placée.

En **tennis de table**, les dix-neuf membres ont participé aux qualifications de district et trois d'entre eux ont participé aux finales de secteur.

Pour l'activité **danse**, près d'une vingtaine d'élèves se retrouvent le mercredi après-midi pour préparer un spectacle et les compétitions qui arriveront plus tard dans l'année.

	richtig	falsch
1. Der Schul-Sportverein bietet fünf verschiedene Sportarten an.	☐	☐
2. Basketball wird nur für Jungen angeboten.	☐	☐
3. Die Handballmannschaft besteht aus mehr als zwölf Spielern.	☐	☐
4. Insgesamt spielen neunzehn Spieler Tischtennis.	☐	☐
5. Dreizehn Tischtennisspieler sind bis ins Finale vorgedrungen.	☐	☐
6. Die Schüler der Tanzabteilung treffen sich am Mittwochnachmittag.	☐	☐

Informationen heraussuchen

21 Nach dem peinlichen Erlebnis in der Kletter-AG der Schule beschließt Thomas, auch privat mehr zu klettern. Er informiert sich auf der Internetseite der Stadt über die Kletterwände in Paris und die Formalitäten für den Kletterausweis.

> Six murs d'escalade sont accessibles au public individuel dont trois en extérieur. [...] Pour accéder à ces installations, les amateurs retirent une carte nominative, délivrée sur place, ainsi qu'une vignette mensuelle vendue au prix de 3 € sur présentation d'une carte d'identité, d'une photo et d'un justificatif d'assurance.

Thomas sucht Antworten auf die folgenden Fragen. Beantworte sie.

1. Wie viele Kletterwände stehen in Paris zur Verfügung? ______
2. Wie viel kostet die monatliche Wertmarke für den Kletterausweis? ______
3. Brauche ich ein Foto für die Karte? ______

22 Anschließend sieht sich Thomas Informationen zu drei Kletterwänden näher an, die er von zu Hause aus gut erreichen kann. Ihn interessieren die folgenden Informationen.

1. die Öffnungszeiten
2. die Höhe der Wand
3. die nächste Metro-Haltestelle

Lies den Text und stelle die Informationen zusammen.

A. Centre sportif Jules Noël

3, avenue Maurice d'Ocagne; Métro: Porte de Vanves
Mur extérieur non éclairé – hauteur: 8,50 m
Accessible au public individuel: en semaine de 17h à 22h30

B. Centre sportif Poissonniers

2, rue Jean Cocteau; Métro: Porte de Clignancourt
Mur extérieur – hauteur : 21,50 m
Accessible au public individuel: en semaine de 12h à 14h et de 18h à 22h

C. Centre sportif Lilas

5, rue des Lilas; Métro: Place des Fêtes
Mur intérieur – hauteur: 7,50 m
Accessible au public individuel: en semaine de 18h à 22h

Kletterwand A

1. ______________________
2. ______________________
3. ______________________

Kletterwand B

1. ______________________
2. ______________________
3. ______________________

Kletterwand C

1. ______________________
2. ______________________
3. ______________________

LEKTION 5

Der Imperativ

Im Französischen gibt es drei verschiedene Formen des Imperativs. Der Imperativ Singular hat meistens dieselbe Form wie die 1. Person Singular Präsens des Verbs. Du verwendest ihn bei einer einzelnen Person, die du duzt.

Grimpe avec la corde, Thomas.	Klettere mit dem Seil, Thomas!

Es gibt zwei Imperative im Plural. Der eine hat meistens dieselbe Form wie die 2. Person Plural des Verbs. Du verwendest ihn bei einer Person, die du siezt, sowie bei mehreren Personen.

Regardez, monsieur. Thomas grimpe sans corde.	Sehen Sie mal! Thomas klettert ohne Seil.
Restez avec moi, les enfants.	Bleibt bei mir, Kinder!

Der zweite Imperativ im Plural ist eine Besonderheit des Französischen. Er hat meistens dieselbe Form wie die 1. Person Plural des Verbs. Du verwendest ihn bei mehreren Personen, zu denen du selbst gehörst.

Préparons les cordes et les casques.	Bereiten wir die Seile und die Helme vor!

1 Setze die passende Imperativform ein.

Mme Carbonne: ________________ (ramasser) tes CD, Emma.

___________ (poser) les bouteilles sur l'étagère.

________________ (chercher) un carton pour les dessins.

Emma: Papa, maman, __________________ (regarder). C'est bien maintenant, non?

Valentin: Emma, tu as ta flûte à la maison, hein? ________________ (faire) de la musique ensemble.

Mme Carbonne: ______________________ (travailler) d'abord pour l'école, les enfants.

Das Verb *aller*: Präsens

aller	gehen/fahren
je **vais**	ich gehe/fahre
tu **vas**	du gehst/fährst
il, elle, on **va**	er, sie, man geht/fährt
nous **allons**	wir gehen/fahren
vous **allez**	ihr geht / Sie gehen; ihr fahrt / Sie fahren
ils, elles **vont**	sie gehen/fahren

Imperativformen:

Va dans la cour.	Geh auf den Hof!
Allons dans la cour.	Gehen wir auf den Hof!
Allez dans la cour.	Geht auf den Hof!

2 Vervollständige die Sätze durch Formen von *aller*.

Tu ________ où? – Moi, je ____________ au gymnase pour faire de l'escalade. Mais Christian et Malika ____________ au foot. – Nous ____________________ toujours au foot. Aujourd'hui, on fait de l'escalade. Vous ____________ sur le mur? – Oui. – Super! On ____________ avec toi.

Nach *aller* steht in der Regel ***à***, wenn man an einen Ort geht, ***chez***, wenn man zu einer Person geht.

3 Vervollständige die Sätze.

Vous allez ____________ square? – Non. On va ____________ Christian pour regarder ses photos de Berlin. – Mais d'abord, tu vas ____________ papeterie pour des cahiers. – D'accord. Je vais ____________ Mme Rollin. Tu as cinq euros pour moi?

Die Possessivbegleiter *notre, votre, leur / nos, vos, leurs*

Die Possessivbegleiter, die sich auf einen Besitzer beziehen, kennst du schon. Es sind *mon, ma, mes* usw. Beziehen sich die Possessivbegleiter auf mehrere Besitzer, so stehen immer ***notre***, ***votre***, ***leur***, wenn das folgende Nomen im **Singular** steht.

Notre prof d'allemand, c'est madame Bertaud.	**Unsere** Deutschlehrerin ist Mme Bertaud.
Vous aimez bien **votre** prof?	Mögt ihr **eure** Lehrerin?
Bof! Est-ce que les élèves aiment **leur** prof?	Naja. Mögen die Schüler **ihre/n** Lehrer/in?

Beziehen sich die Possessivbegleiter auf mehrere „Besitzer", so stehen immer ***nos***, ***vos***, ***leurs***, wenn das folgende Nomen im **Plural** steht.

Où sont **nos** casques?	Wo sind **unsere** Helme?
Vos casques? Ils sont au gymnase.	**Eure** Helme? Sie sind in der Turnhalle.
Les élèves ne grimpent pas sans **leurs** casques.	Die Schüler klettern nicht ohne **ihre** Helme.

Votre und ***vos*** werden auch als Höflichkeitsform benutzt.

4 Füge die fehlenden Possessivbegleiter ein.

Mme Carbonne: Nous quittons __________ appartement pour habiter dans une maison à Montrouge.

Emma: Ça ne va pas! Nous avons __________ copains ici.

M. Carbonne: __________ copains sont sympas, d'accord. Mais dans __________ appartements, il y a cinq ou six pièces, pas chez nous.

Emma: Nous sommes contre __________ maison à Montrouge.

Nous restons dans __________ quartier.

5 Du hast jetzt alle Formen des Possessivbegleiters kennen gelernt. Aber kennst du sie auch wirklich? Vervollständige das Raster.

ein Besitzer	maskulinum	femininum
Nomen im Singular	mon voisin _____ voisin _____ voisin	_____ voisine _____ voisine sa voisine
Nomen im Plural	maskulinum, femininum	
	_____ voisins/voisines tes voisins/voisines _____ voisins/voisines	
mehrere Besitzer	maskulinum, femininum	
Nomen im Singular	notre voisin/voisine _____ voisin/voisine _____ voisin/voisine	
Nomen im Plural	_____ voisins/voisines _____ voisins/voisines leurs voisins/voisines	

6 Unterstreiche den passenden Possessivbegleiter für eine Übersetzung.

Mme Carbonne diskutiert mit ihrer Nachbarin: sa – votre – leur

____

„Meine Kinder haben ihre Freunde hier." ses – vos – leurs

____

Die Nachbarin: „Hören Sie auf Ihre Kinder!" ses – vos – leurs

____

Fragen stellen mit *est-ce que*

Du hast schon den Unterschied zwischen Entscheidungs- und Ergänzungsfragen sowie einige Formen von Ergänzungsfragen kennen gelernt.

Tu aimes le foot?	Oui./Non.
Elle est où?	Elle est au collège.
Qui est Valentin?	C'est le frère d'Emma.

Entscheidungsfragen können auch mit vorangestelltem ***est-ce que*** beginnen. Danach bleibt die Satzstellung wie im Aussagesatz. Die Satzmelodie ist steigend.

Christian aime le dessin? – Oui./Non.	Mag Christian das Zeichnen?
Est-ce que C. aime le dessin? – Oui./Non.	Mag Christian das Zeichnen?
Est-ce qu'il aime le dessin? – Oui./Non.	Mag er das Zeichnen?

Bei den Ergänzungsfragen mit ***est-ce que*** steht das Fragewort immer am Anfang des Satzes. Danach bleibt die Satzstellung wie im Aussagesatz. Die Satzmelodie ist fallend.

Où est-ce que je trouve une papeterie?	**Wo** finde ich ein Papiergeschäft?
Quand est-ce que tu quittes l'école?	**Wann** kommst du aus der Schule?
Pourquoi est-ce qu'elle arrive maintenant?	**Warum** kommt sie jetzt?
Comment est-ce que vous faites?	**Wie** macht ihr das?
Qu'est-ce que Christian cherche?	**Was** sucht Christian?

7 Bilde aus den Bausteinen richtige Fragesätze.

1. au square Trousseau / est-ce que / Malika / quand / va

____

2. des papiers / ramasse / elle / est-ce qu'

____

3. Christian / qu' / cherche / à la papeterie / est-ce que

____

4. pourquoi / une affiche / est-ce qu' / dessine / il

____

5. collent / est-ce que / les copains / les affiches / où

____

6. est-ce que / comment / la nature / vous / respectez

____

8 Frage nach dem hervorgehobenen Satzteil.

1. Emma ne veut pas quitter Paris parce qu'elle a ses copains à Paris.

____

2. Les Carbonne cherchent un appartement dans le quartier.

____

3. Ils regardent les annonces sur Internet.

____

4. Emma aime le sport au collège.

____

5. Emma fait de l'escalade le mercredi après-midi.

____

6. Elle trouve le prof sympa.

____

Tipp

Denke daran, dass nach *est-ce que* das Subjekt stehen muss.
Zum Beispiel: *Quand est-ce que Christian arrive à Paris*? –
Wann kommt Christian nach Paris?

9 Übersetze die folgenden Fragen ins Französische.

1. Wo wohnt Mme Leclerc?

____

2. Wann diskutiert Emma mit Mme Leclerc?

____

3. Wie findet Mme Leclerc (die) Rockmusik?

____

4. Warum ist M. Carbonne wütend?

____

____

5. Was finden die Kinder im Internet?

____

Die Uhrzeit (umgangssprachlich)

Die Uhrzeit wird im Französischen mit *heure* (= Stunde) angegeben. *Heure* ist feminin, deshalb heißt es *Il est **une** heure*.
Ab *deux heures* hat *heure* immer ein Plural-s. Im Französischen sagt man für „zwölf Uhr" ***midi*** (Mittag) oder ***minuit*** (Mitternacht).

Il est quelle heure?	Wie viel Uhr ist es? Wie spät ist es?
Il est **une** heure.	Es ist **ein** Uhr.
Il est **quatre** heure**s**.	Es ist vier Uhr.
Il est **midi**.	Es ist zwölf Uhr (mittags).
Il est **minuit**.	Es ist zwölf Uhr (nachts).

Bei „Viertel nach" (… *et quart*) steht kein Artikel, bei „Viertel vor" (… *moins **le** quart*) muss der bestimmte Artikel stehen.
Abweichend vom Deutschen geht man im Französischen bei der halben Stunde von der vorausgehenden Stunde aus.

Il est huit heures **et quart**.	Es ist Viertel nach acht.
Il est huit heures **et** demie.	Es ist halb **neun**.
Il est neuf heures **moins le** quart.	Es ist Viertel vor neun.

10 Übertrage die vorgegebene Uhrzeit ins Französische.

10.00 Il est ____________________

9.45 ____ ____ ____________________

11.30 ____ ____ ____________________

2.15 ____ ____ ____________________

11.45 ____ ____ ____________________

6.30 ____ ____ ____________________

Verkehr

11 Wenn in Lektion 5 der Dieb durch Paris verfolgt wird, ist immer wieder vom Verkehr die Rede – mit den entsprechenden Vokabeln. Stelle die Nomen für Verkehrsmittel zusammen, die hier oder in früheren Lektionen vorkommen. Der erste Buchstabe sowie die Gesamtzahl der Buchstaben helfen dir beim Finden.

le b __ __ le m __ __ __ __ le r __ __ __ __ __

le t __ __ __ la v __ __ __ __ __ __

12 Um über Verkehr zu reden, braucht man auch Verben. Etliche kennst du schon. Setze sie aus dem Buchstabensalat zusammen; der erste Buchstabe ist richtig vorgegeben.

arell ____________ qrttieu ____________

aeirrrv ____________ teurrno ____________

geirrpm ____________ tasverrre ____________

mnoret ____________

13 Jetzt hast du die entscheidenden Bestandteile, um Sätze über das Verkehrsgeschehen zu bilden. Übersetze.

1. Thomas steigt in ein Taxi. ____________
2. Das Taxi kommt vor dem Louvre an. ____________
____
3. Emma klettert in einen Bus. ____________
4. Sie verlässt den Bus vor dem Eiffelturm. ____________
____

Zeitadverbien

14 Wenn eine Geschichte erzählt oder ein Vorfall berichtet wird, kommen Zeitadverbien ins Spiel. Die folgenden Adverbien hast du inzwischen kennen gelernt. Vervollständige die Übersicht.

Französisch	Deutsch
d'abord	
	danach
enfin	
	jetzt
tout à coup	
	oft
encore	
	schon

15 Ergänze die Zeitadverbien in den folgenden Sätzen. Kein Adverb soll zweimal benutzt werden.

Une librairie au Forum des Halles. Emma regarde l'heure.

Il est ____________ quatre heures, mais Adrien n'est pas ______________ là.

Thomas: «Il arrive ________________ après les copains.»

__________________, Adrien arrive: «Alors, on a l'après-midi.

Qu'est-ce qu'on fait __________________________?»

Emma: «________________, on cherche le CD pour Christian. ____________,

on va au cinéma. D'accord?»

Präpositionen

16 Präpositionen sind kleine Wörter vor Nomen, die man leicht übersehen kann. Dabei sind sie oft besonders wichtig. Immerhin willst du wissen, ob du mit oder ohne Helm *(avec ou sans casque)* klettern sollst. Deshalb solltest du sie sicher beherrschen. Ergänze dazu die folgende Übersicht.

Französisch	Deutsch	Französisch	Deutsch
à	in	d__________	vor (örtlich)
a__________	mit	e__________	versch. Bed., z. B. „in“
c__________	bei	p__________	für
d__________	in	s__________	ohne
d__________	von/aus	s__________	unter
d__________	hinter	s__________	auf/über

17 Vervollständige nun die folgenden Sätze.

Christian est __________ Berlin, mais il est __________ Paris maintenant. Aujourd’hui, il est __________ un banc __________ le square et il regarde une BD __________ allemand. Après, il cherche un bloc __________ dessin __________ Mme Rollin et il dessine une affiche __________ la nature. A cinq heures, il a rendez-vous __________ ses copains. Ils vont __________ la tour Eiffel.

Hören und verstehen 14

18 Höre genau hin. Die folgenden Aussagen zu Lektion 5 sind teilweise richtig und teilweise falsch. Kreuze an.

1.	☐ richtig	☐ falsch	5.	☐ richtig	☐ falsch
2.	☐ richtig	☐ falsch	6.	☐ richtig	☐ falsch
3.	☐ richtig	☐ falsch	7.	☐ richtig	☐ falsch
4.	☐ richtig	☐ falsch	8.	☐ richtig	☐ falsch

Hören und nachsprechen 15

19 Höre dir die folgenden Sätze an und sprich sie nach. Bei den Lösungen kannst du den Text nachlesen.

Hören und schreiben 16

20 Du hörst den vollständigen Text, aber du hast nur eine unvollständige Mitschrift. Vervollständige sie.

Adrien, le cousin d'Emma, est ____________________.

Il travaille dans un restaurant ______ ______ Défense, mais aujourd'hui,

samedi, il ______ ____________________ ______. Il a rendez-vous avec Emma

et ses copains au Forum. Ils vont dans _______ ____________________.

Adrien regarde des livres de cuisine pour trouver _______ ______________

pour le restaurant. Mais il aime aussi les BD et les ________ ________

le sport. «La librairie est super, Emma!» Il ______________ d'un restaurant

avec une librairie – dans ________ ________?

Das Wesentliche verstehen

21 In Lektion 5 kommen fünf bekannte Pariser Sehenswürdigkeiten vor. Drei davon möchtest du besichtigen: den Triumphbogen, den Eiffelturm und den Louvre. Lies die Auszüge aus der Internetseite der Stadt Paris und prüfe die Aussagen 1–6 auf ihre sachliche Richtigkeit.

Arc de Triomphe

Monument

Ouvert: lundi, mardi, mercredi, jeudi, vendredi, samedi, dimanche
Horaires:
Du 1er octobre au 31 mars: 10h – 22h30
Du 1er avril au 30 septembre: 10h – 23h

Visite libre: Salle du musée, gravures et photographies retraçant les grands évènements de l'Arc de Triomphe. Durée approximative de la visite: 45 minutes.

Tour Eiffel

Monument

Ouvert: lundi, mardi, mercredi, jeudi, vendredi, samedi, dimanche
Horaires:
Montée par l'ascenseur:
1er janvier – 13 juin et 31 août – 31 décembre: 9h30 – 23 h;
du 14 juin au 30 août: 9 h – minuit

Plein tarif: par l'ascenseur: 1er étage: 4 Euros; 2ème étage: 7,30 Euros; 3ème étage: 10,40 Euros

Musée du Louvre

Musée

Ouvert: lundi, mercredi, jeudi, vendredi, samedi, dimanche
Horaires: 9h – 18h

Gratuit jeunes et enfants: Gratuité appliquée aux moins de 18 ans.

	richtig	falsch
1. Der Triumphbogen und der Eiffelturm sind täglich geöffnet.	☐	☐
2. Der Louvre ist täglich geöffnet.	☐	☐
3. Den Triumphbogen kann man im Sommer abends bis 24 Uhr besichtigen.	☐	☐
4. Der Louvre macht schon um 18 Uhr zu.	☐	☐
5. Wer mit dem Fahrstuhl bis zum höchsten Stockwerk des Eiffelturms fahren will, muss mehr als 10 € bezahlen.	☐	☐
6. Wer das Museum im Triumphbogen besuchen möchte, sollte 60 Minuten dafür einplanen.	☐	☐

Informationen heraussuchen

22 Der folgende Text ist der „Personalausweis“ des Eiffelturms auf der offiziellen Webseite des Turms. Er enthält viele wichtige Informationen. Nutze sie, um den „Steckbrief“ des Eiffelturms anzufertigen.

Date de naissance: 31 mars 1889 (pose du drapeau au sommet), édifiée pour l'Exposition universelle qui devait célébrer le centenaire de la Révolution Française

Age: 117 ans (en 2006)

Entrepreneur: Gustave Eiffel Cie

Ingénieurs: Maurice Koechlin & Emile Nouguier

Architecte: Stephen Sauvestre

Etudes: Commencées en 1884

Construction: 1887–1889 (2 ans, 2 mois et 5 jours)

Composition: 18 038 pièces métalliques, 2 500 000 rivets

Poids de la charpente métallique: 7 300 tonnes

Poids total: 10 100 tonnes

Hauteur: 324 m (hauteur avec antenne)

Coordonnées géographiques:
Latitude: 48° 51′ 32″ Nord, Longitude: 002° 17′ 45″ Est

Nombre de visiteurs jusqu'au 31 décembre 2003: 210 485 130

Signe particulier: Reconnaissable dans le monde entier

Nombre de marches: 1665

Propriétaire: La ville de Paris

„Steckbrief“ des Eiffelturms

„Geburtstag“: ____________________

Bauzeit: ____________________

Anzahl der Metallteile: ____________________

Gesamtgewicht: ____________________

Höhe: ____________________

Anzahl der Besucher seit Fertigstellung: ____________________

Zahl der Stufen: ____________________

Eigentümer: ____________________

LEKTION 6

Das *Futur composé*

Im Französischen werden zukünftige Handlungen mit einer Präsensform von *aller* und dem Infinitiv des Verbs ausgedrückt.

Je **vais regarder** des BD.	Ich werde Comics anschauen.
Nous **allons écouter** des CD.	Wir werden CDs hören.
Ils **vont chercher** un livre pour Adrien.	Sie werden ein Buch für Adrien suchen.

Die Verneinung umklammert nur die konjugierte Form des Verbs, im *Futur composé* also die Form von *aller*.

Non, vous **n'**allez **pas** grimper sans casques.

1 Vervollständige die folgenden Sätze im *Futur composé*.

Samedi, je ______________ __________ (faire) du roller avec Christian.

Nous ______________ ____________________ (traverser) Paris.

Mes parents ______________ __________ (aller) au restaurant.

Mon frère ______________ ______________ (rester) à la maison.

Et toi? Qu'est-ce que tu ______________ __________ (faire) samedi?

Adrien et toi, vous ______________ ___________________ (regarder) un film au cinéma ensemble?

Tipp Achte darauf, dass das Verb nach der Form von *aller* immer im Infinitiv steht.

2 Setze die folgenden Sätze vom Präsens ins *Futur composé.*

Mercredi après-midi, Thomas joue au foot.

____

Emma fait de l'escalade.

____

Manon et Valentin écoutent de la musique.

____

Adrien ne travaille pas au restaurant.

____

Il visite Paris.

____

Un voleur vole son portable.

____

Die Verneinung *ne … plus, ne … jamais, ne … rien*

Auch die Verneinungen *ne … plus*, *ne … jamais* und *ne … rien* umklammern die konjugierte Form des Verbs.

Thomas **ne** grimpe **plus** sans casque.	Thomas klettert **nicht mehr** ohne Helm.
Les Carbonne **ne** montent **jamais** sur la tour Eiffel.	Die Carbonnes steigen **nie** auf den Eiffelturm.
Adrien **ne** trouve **rien** dans la librairie au Forum des Halles.	Adrien findet **nichts** in der Buchhandlung im Forum des Halles.

3 Bringe die folgenden Satzbausteine in die richtige Reihenfolge.

au / plus / Thomas / joue/ foot / ne

____

ne / Amandine / restaurant / au / va / jamais

____

aiment / enfants / à / n' / les / Montrouge / rien

____

Berlin / plus / n' / Christian / habite / à

____

jamais / pour / Valentin / l' / travaille / ne / école

____

4 Übersetze.

Du bist nie da. _______________________________

Meine Bücher sind nicht mehr da. _______________________________

Ich finde nichts in deinem Zimmer. _______________________________

Das direkte und das indirekte Objekt

Das direkte Objekt folgt „direkt", d.h. ohne Präposition nach dem Verb. Beim indirekten Objekt tritt zwischen Verb und Objekt meistens die Präposition *à*.

	direktes Objekt	indirektes Objekt	
Le voleur **traverse**	**la place**.		Der Dieb überquert den Platz.
Les policiers **attrapent**	**le voleur**.		Die Polizisten fangen den Dieb.
Emma **parle**		**à sa mère**.	Emma spricht mit ihrer Mutter.
Elle **raconte**	**l'histoire**	**à Mme Salomon**.	Sie erzählt Frau S. die Geschichte.
Elle **donne**	**le porte-monnaie**	**à la voisine**.	Sie gibt der Nachbarin das Portemonnaie.

Tipp Lerne die französischen Verben immer zusammen mit den Ergänzungen, denn nur so weißt du sicher, ob ein direktes oder indirektes Objekt gebraucht wird.

5 Vervollständige die Übersicht.

Deutsch	Französisch
	parler à quelqu'un
jemandem etwas erzählen	
	donner quelque chose à quelqu'un
jemandem helfen	
	téléphoner à quelqu'un
jemanden etwas fragen	

Der Aussagesatz

Im Aussagesatz ist die Satzstellung immer Subjekt – Verb – Objekt.

Subjekt	Verb	Objekt
Adrien	**regarde**	**un livre.**

Anders als im Deutschen ändert sich im Französischen die Satzstellung nicht, wenn am Satzanfang eine adverbiale Bestimmung steht.

Dans la librarie,	**Adrien**	**regarde**	un livre.
In der Buchhandlung	**betrachtet**	**Adrien**	ein Buch.

Abweichend vom Deutschen steht im Französischen das direkte Objekt vor dem indirekten Objekt.

	direkt	indirekt
Christian donne	**un dessin**	**à Malika**.
Christian gibt	**Malika**	**eine Zeichnung**.

6 Bringe die Satzbausteine in die richtige Reihenfolge.

donne / le bloc à dessin / Malika / à Christian

___

téléphone / à la propriétaire / Mme Carbonne

___

racontent / l'histoire / les enfants / à la police / à cinq heures

___

Die Verben *vouloir* und *pouvoir*: Präsens

Die Verben *vouloir* und *pouvoir* sind unregelmäßig. Sie haben im Singular die Endungen ***-x, -x, -t*** gemeinsam.

vouloir	wollen	**pouvoir**	können
je **veux**	ich will	je **peux**	ich kann
tu **veux**	du willst	tu **peux**	du kannst
il, elle, on **veut**	er, sie, man will	il, elle, on **peut**	er, sie, man kann
nous **voulons**	wir wollen	nous **pouvons**	wir können
vous **voulez**	ihr wollt / Sie wollen	vous **pouvez**	ihr könnt / Sie können
ils, elles **veulent**	sie wollen	ils, elles **peuvent**	sie können

7 Übersetze den Mini-Dialog.

„Willst du heute?"

____

„Ja, ich will."

____

„Könnt ihr morgen?"

____

„Wir können morgen."

____

„Und dein Bruder?"

____

„Er kann und er will."

____

Das Verb *savoir*: Präsens

Das Verb *savoir* ist ebenfalls unregelmäßig. Achte besonders auf die Singularformen.

savoir	wissen/können
je **sais**	ich weiß
tu **sais**	du weißt
il, elle, on **sait**	er, sie, man weiß
nous **savons**	wir wissen
vous **savez**	ihr wisst / Sie wissen
ils, elles **savent**	sie wissen

8 Vervollständige das Raster mit Formen von *savoir*.

v						v	e		■		l	l				i	
			e	s				e	n	t	■		u	s			
	e				s	■	n						v	o			

9 Setze die richtigen Formen von *savoir* ein.

Le réalisateur: Vous ______________, Matou, ce sont des croquettes pour chats.

Mme Salomon: Je ______________.
J'ai un chat.

Le réalisateur: Et votre chat ______________ bien jouer?

Mme Salomon: Mon chat et moi,

nous ______________ jouer, on aime ça.

Le réalisateur: Alors, à demain!

Die Verben *vouloir*, *pouvoir* und *savoir*: Gebrauch

Wie im Deutschen kann auf *vouloir*, *pouvoir* und *savoir* ein Infinitiv folgen.

Christian **veut** aid**er** sa mère.	C. **will** seiner Mutter **helfen**.

Bei der Verneinung umschließen die Verneinungswörter die Formen von *vouloir*, *pouvoir* und *savoir*.

Christian **ne peut pas** aid**er** sa mère.	C. **kann** seiner Mutter **nicht helfen**.

10 Bilde Sätze aus den vorgegebenen Bausteinen. Vergiss nicht, eine Verbform an das Subjekt anzugleichen.

Les Carbonne / vouloir / trouver / un appartement de cinq pièces.

___

Emma: Nous / ne pas vouloir / quitter / le quartier.

___

Mme Carbonne: Je / savoir.

___

Emma: Nous / pouvoir / chercher / sur Internet.

___

Mme Carbonne: Tu / vouloir / regarder / maintenant?

___

Emma: Je / ne pas pouvoir / faire / ça aujourd'hui.

___

Emma: Je / vouloir / travailler / pour l'école.

___

Berufe

11 In Lektion 6 lernst du viele Berufsbezeichnungen kennen, andere kennst du schon länger. Setze die Berufe aus den vorgegebenen Silben zusammen und setze den unbestimmten Artikel davor. Der erste Buchstabe ist vorgegeben.

a	ac	ac	ce	cier	cin	cui	de	des	fes	li	li	mé
na	nier	po	pro	ré	sa	seur	si	si	teur	teur	teur	tri

______ a ______________

______ a ______________

______ c ______________

______ d ______________

______ m ______________

______ p ______________

______ p ______________

______ r ______________

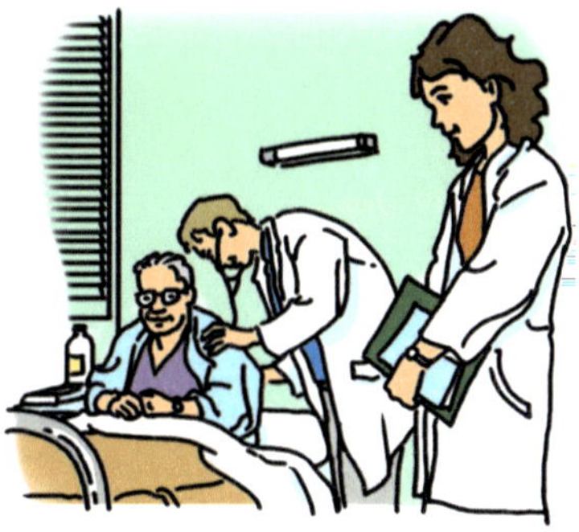

12 Nun errate die Berufe nach den Erklärungen.

Elle joue dans des films ou au théâtre: ______________

Il fait des illustrations: ______________

Il arrête des voleurs: ______________

Il travaille dans un restaurant: ______________

Technische Geräte

13 Auch technische Geräte kennst du inzwischen schon recht viele. Sie spielen in verschiedenen Lektionen für die Handlung eine Rolle. Deshalb kannst du sie dir gut über die Handlung der Lektionen einprägen.

Emma cherche des appartements dans son ____________________.

Emma cherche le voleur devant la tour Eiffel et

elle appelle Thomas sur son ____________________.

Au studio, les enfants sont derrière

la ____________________, Mme Salomon est devant.

Après, ils vont regarder la publicité pour Matou à la ____________________.

Der Ort und der zugehörige Gegenstand

14 Je mehr Nomen man kennt, desto mehr Möglichkeiten hat man, sie sinnvoll zu sortieren und besser „abzuspeichern“. Eine Möglichkeit ist die Verbindung eines Orts mit einem typischen Gegenstand. Findest du den jeweils fehlenden Gegenstand? Es sind so viele Felder vorgegeben, wie das gesuchte Wort Buchstaben hat, und der erste Buchstabe steht bereits da.

une chambre – un l ___ ___

une cuisine – une a ___ ___ ___ ___ ___ ___ ___

une librairie – un l ___ ___ ___ ___

un magasin – une c ___ ___ ___ ___ ___

un mur d’escalade – une c ___ ___ ___ ___

une papeterie – un b ___ ___ ___   ___   ___ ___ ___ ___ ___ ___

un square – un b ___ ___ ___

un studio – une c ___ ___ ___ ___ ___

Verbpaare

15 Auch um sich Verben gut einzuprägen, kann es praktisch sein, sie paarweise zu lernen. Hier zunächst einige Gegensatzpaare. Finde jeweils das fehlende Wort. Der erste Buchstabe hilft dir beim Suchen.

chercher – t____________ rester – b____________

jouer – t____________ savoir – o____________

16 Du kennst aber auch Paare von Verben ähnlicher Bedeutung.

aimer – a____________ grimper – m____________

parler – d____________ attraper – a____________

Die Zahlen von 31 bis 69

17 Bei den französischen Zahlen von 31 bis 69 ist es besonders wichtig, die vollen Zehnerzahlen zu beherrschen. Sie sind aus den zugehörigen einstelligen Zahlen abgeleitet. Setze die fehlenden Buchstaben in die Übersicht ein.

3	t	r				
4	q	u	a			
5	c	i	n	q		
6	s					

30	t	r							
40	q	u	a						
50	c	i	n	q					
60	s								

18 Rechne die folgenden Aufgaben und schreibe die Lösung als französische Zahl aus.

31 + 5 = ____________ 69 – 3 = ____________

39 + 6 = ____________ 51 – 2 = ____________

53 + 7 = ____________ 45 – 4 = ____________

Hören und verstehen 17

19 Höre genau hin. Die folgenden Aussagen zu Lektion 6 sind teilweise richtig und teilweise falsch. Kreuze an.

1. ☐ richtig ☐ falsch
2. ☐ richtig ☐ falsch
3. ☐ richtig ☐ falsch
4. ☐ richtig ☐ falsch
5. ☐ richtig ☐ falsch
6. ☐ richtig ☐ falsch
7. ☐ richtig ☐ falsch
8. ☐ richtig ☐ falsch

Hören und nachsprechen 18

20 Höre dir die folgenden Sätze an und sprich sie nach. Bei den Lösungen kannst du den Text nachlesen.

Hören und schreiben 19

21 Du hörst den vollständigen Text, aber du hast nur eine unvollständige Mitschrift. Vervollständige sie.

Le ______________ est en colère. «Votre chat ______ ______________ ______, madame Salomon. Qu'est-ce qu'on ______________ ______________?» Emma: «J'ai un chat aussi.» Le ______________: «Mais est-ce qu'il va bouger, ton chat?» «Amandine ______________ les croquettes.» «Cherche ton chat, alors. ______________ ______________. Je ne peux pas tourner la scène vingt fois.» Mme Salomon ______________ l'idée ______________. «Filou ______ ______ ______________ envie de ______________ les croquettes.»

Das Wesentliche verstehen

22 Werbung ist oft schon aufgrund der Bilder zu verstehen. Aber auch ohne Bilder und ohne perfekte Französischkenntnisse kann man sich manchmal denken, worum es geht. Beweise deine Kombinationsgabe, indem du dir die Texte aus der Zeitschriftenwerbung durchliest und die Aussagen 1–6 auf ihre Richtigkeit prüfst.

A) ***Storyboard* – Du dessin au film**

Le premier magazine consacré à l'univers du storyboard présente le cinéma sous un angle inédit: le dessin.
Abonnez-vous! 4 numéros – 1 an – 20 €
Egalement disponible en kiosque,
6 € le numéro.

B) La carte bancaire* qui réduit votre budget cinéma. Pour en savoir plus, passez votre Baccalauréat Cinéma dans une agence Banque Populaire et gagnez de nombreux cadeaux.

Banque populaire – Banque et populaire à la fois.

* à partir de 16 ans

C) Problèmes de peau?
Prenez votre corps en main!

Gel Moussant pour le Corps
Biactol Complet

Le Gel Moussant Purifiant pour le Corps Biactol Complet est plus qu'un simple gel douche: utilisé chaque jour, il élimine les impuretés, désincruste les pores en profondeur et lutte contre les bactéries.
Votre peau est propre, nette et fraîche.

Biactol – Confiez votre peau à un spécialiste.

	richtig	falsch
1. *Storyboard* (Werbung A) ist eine Zeitschrift für Filmfreunde.	☐	☐
2. Im Abonnement kostet ein Heft 6 €.	☐	☐
3. Die *Banque populaire* (Werbung B) möchte vor allem für einen Film werben.	☐	☐
4. Ihre Karte kann man ab 16 Jahren benutzen.	☐	☐
5. Das Produkt in Werbung C wendet sich an Menschen mit Hautproblemen.	☐	☐
6. Es enthält hochaktive Bakterien.	☐	☐

Informationen heraussuchen

23 In Lektion 6 lernst du Mme Salomon als Schauspielerin kennen. Aber wie wird man Schauspielerin? Der folgende Text schildert die – sehr frühen – Anfänge der Schauspieler-Laufbahn von Sophie Marceau. Lies ihn durch und suche die unten aufgelisteten Informationen heraus.

Sophie Marceau, de son vrai nom Maupu, a vu le jour à Paris le 17 novembre 1966. En 1980, elle est une tranquille élève de 4e du collège Curie de Gentilly, qui ne pense pas du tout à faire carrière dans le cinéma. Elle cherche juste un petit boulot d'été pour gagner quelques sous pour les vacances.

Avec ses parents, elle tombe sur une petite annonce qui demande des adolescentes pour faire des photos pour une agence de casting. Elle s'y rend sans se douter de ce qui va suivre. Quelque temps plus tard, la directrice de casting de Claude Pinoteau tombe sur sa photo et lui propose de participer à la sélection. Sophie s'y rend avec son père, sans trop y croire. Elle se retrouve avec 1000 autres filles de son âge toutes décidées à être la meilleure.

Sophie ne se laisse pas impressionner. Elle passe en 43e position. Sa fraîcheur et son naturel sont très appréciés et elle est convoquée quelques jours plus tard pour un essai en présence du réalisateur. L'essai est probant et Claude Pinoteau lui confie le rôle de Vic, une adolescente qui connaît ses premières émotions amoureuses.

Suivant les conseils de son entourage, Sophie change son nom et choisit parmi des noms d'avenues «Marceau» ce qui lui permet de ne pas changer ses initiales. Après un démarrage difficile, La Boum est finalement un succès (4 500 000 entrées) qui va lancer la carrière de la jeune actrice.

Sophie Marceau

Ursprünglicher Familienname: ____________________

Geburtstag: ____________________

Jahr des Beginns der Karriere: ____________________

Anzahl der Mitbewerber beim ersten Casting: ____________________

Name des Regisseurs: ____________________

Name der ersten Rolle: ____________________

Titel des Films: ____________________

Anzahl der Besucher: ____________________

Plattform 2 (Lektion 4 – 6)

Verben von A bis V

1 Du hast inzwischen mehr als 50 Verben kennen gelernt. Jetzt wird es immer wichtiger, dass du sie dir gut einprägst.
Der erste Buchstabe kann eine Merkhilfe sein, und es hilft oft auch, sich an den Zusammenhang zu erinnern, in der das Wort vorkam.

Finde die alphabetisch sortierten Verben und trage sie im Infinitiv in die Kästchen ein. Die Sätze auf der gegenüberliegenden Seite sollen dir helfen, indem sie dich an die Geschichten im Buch erinnern. Vervollständige diese Sätze.

Trage den Infinitiv ein.

1. a
2. b
3. c
4. d
5. e
6. f
7. g
8. h
9. i
10. j
11. m
12. o
13. q
14. r
15. s
16. t
17. v

Trage die richtige Verbform ein.

1. Les policiers __________________ le voleur.
2. Le chat de Mme Salomon ne veut plus __________________.
3. Les enfants __________________ les affiches «Respectez la nature» sur les murs du quartier.
4. Christian __________________ une affiche pour Malika.
5. Christian et Malika __________________ dans la papeterie de Mme Rollin.
6. Mercredi après-midi, Emma __________________ de l'escalade.
7. Thomas __________________ sans casque.
8. Christian est de Berlin, mais il __________________ à Paris maintenant.
9. Mme Salomon __________________ les copains au studio.
10. Thomas ne __________________ pas au foot aujourd'hui.
11. Emma et Adrien __________________ dans un taxi.
12. Mme Salomon a peur d' __________________ son texte.
13. Les enfants Carbonne ne veulent pas __________________ le quartier.
14. Malika __________________ des papiers dans le square.
15. Le chat d'Emma __________________ très bien jouer.
16. Emma __________________ à Mme Leclerc.
17. Les touristes __________________ la tour Eiffel.

Verben: Konjugation

Um mit den Verben wirklich sicher umgehen zu können, musst du auch die Konjugation der Verben beherrschen, also die Veränderlichkeit nach Person und Tempus. Die meisten Verben enden auf *-er* und werden im Präsens regelmäßig konjugiert.

Merke dir zwei kleinere Besonderheiten, die schon bei den Verben auf *-er* zu beachten sind:
Wenn ein Verb mit einem Vokal oder einem stummen h beginnt, wird in der 1. Person Singular ***je*** auf ***j'*** verkürzt.

je cherche ich suche – **j'**adore ich mag sehr

Wenn der letzte Buchstabe vor der Verb-Endung ein g ist, wird in der 1. Person Plural ein e ergänzt.

je mange ich esse – nous mang**e**ons wir essen

2 Schreibe die vollständige Verbform mit Personalpronomen.

je (attraper) ______________________

nous (attraper) ______________________

je (bouger) ______________________

nous (bouger) ______________________

je (discuter) ______________________

nous (discuter) ______________________

je (écouter) ______________________

nous (écouter) ______________________

3 Neben den Verben auf *-er* hast du inzwischen einige unregelmäßige Verben kennen gelernt. Präge dir deren Formen gut ein. Vervollständige die folgende Übersicht und vergiss dabei die Personalpronomen (*je*, *tu* usw.) nicht.

Infinitiv	1. Person Singular	2. Person Singular	3. Person Singular
aller			
avoir			
être			
faire			
pouvoir			
savoir			
vouloir			

Infinitiv	1. Person Plural	2. Person Plural	3. Person Plural
aller			
avoir			
être			
faire			
pouvoir			
savoir			
vouloir			

Nomen: Maskulinum – Femininum

Das Französische hat nur zwei grammatische Geschlechter (Maskulinum und Femininum), während wir im Deutschen drei haben. Du musst beim Lernen eines neuen Nomens immer gleich mit darauf achten, welches grammatische Geschlecht es hat, ob es also ein maskulines oder ein feminines Nomen ist.

4 Am leichtesten fällt das bei den Wörtern, die eine männliche oder weibliche Person bezeichnen, wie „die Frau" = *la femme*. Die meisten dieser Wörter lassen sich gut paarweise lernen. Vervollständige die folgende Übersicht.

Maskulinum (un)	Femininum (une)
homme	
	(ma)dame
garçon	
	femme (=Ehefrau)
père	
	sœur
cousin	
	copine
voisin	
	actrice

5 Es gibt außerdem viele französische Vokabeln, die ihren deutschen Entsprechungen sehr ähnlich sehen und das gleiche grammatische Geschlecht haben, zum Beispiel „eine Adresse" = *une adresse.* Achte darauf, dass es manchmal kleine Unterschiede in der Schreibung gibt. Vervollständige die folgenden französischen Wörter, die auf den ersten Blick besonders leicht lernbar wirken, aber für deutsche Lerner kleine „Fallen" enthalten.

une ________________ (Kamera) une ________________ (Maschine)

un ________________ (Dialog) la ________________ (Musik)

une ________________ (Gitarre) une ________________ (Szene)

une ________________ (Linie)

6 Besonders aufpassen musst du bei französischen Wörtern, die ihren deutschen Entsprechungen ähnlich sehen, aber ein anderes grammatisches Geschlecht haben. Das gilt für alle Wörter der folgenden Liste. Ergänze jeweils den fehlenden unbestimmten Artikel.

______ banc

______ étage

______ groupe

______ interview

______ numéro de téléphone

______ photo

______ place

______ rôle

______ star

Nomen: Plural

7 In aller Regel wird der Plural eines Nomens durch ein *-s* am Wortende angezeigt. Aber du kennst inzwischen mehrere Sonderfälle. Es gibt Wörter, die mit einem *s* enden und deshalb keine besondere Pluralendung haben. Es gibt Wörter, die im Plural auf *-x* enden. Und es gibt Wörter, die zwar nicht auf *s* enden, aber dennoch keine besondere Pluralendung tragen. Trage den Plural der folgenden Wörter in eine der drei Spalten ein.

une BD – un bus – un CD – une fois – un jeu – un cadeau –

un mois – un nouveau – un paradis – un CDI – un tableau

s bleibt *s*	Plural auf *-x*	keine Pluralendung
des ______	des ______	des ______
des ______	des ______	des ______
des ______	des ______	des ______
des ______	des ______	

Nomen: Akzente

8 Zu den „Kleinigkeiten", die man beim Lernen der Nomen leicht vergisst, gehören die Akzente. Die folgenden Wörter in Großbuchstaben verlangen bei Kleinschreibung alle mindestens einen Akzent, manchmal auch zwei. Schreibe sie in kleinen Buchstaben.

AGE	______	FLUTE	______
BIBLIOTHEQUE	______	MEDECIN	______
COLERE	______	REALISATEUR	______
ELEVE	______	TELEPHONE	______
ETAGERE	______	THEATRE	______

Aussprache

Wie spreche ich ein bestimmtes französisches Wort richtig aus? Die Lautschrift hilft dir. Du findest sie in eckigen Klammern hinter den Wörtern im Vokabelverzeichnis. Besonders hilfreich ist die Lautschrift bei bestimmten Lauten, die du leicht verwechseln kannst.

Nasale 20 – 22

Es gibt drei Nasale, das heißt Laute, die durch die Nase gesprochen werden:

[ɛ̃] wie in *copain* [ɑ̃] wie in *chambre* [õ] wie in *son*

[ɛ̃] ist der hellste Nasal, der am weitesten vorne im Mund gebildet wird, [õ] der dunkelste, [ɑ̃] liegt dazwischen. Bei der Aussprache von [ɛ̃] ist der Mund am breitesten geöffnet, bei [õ] sind die Lippen zu einem „o" gespitzt.

9 Sortiere die folgenden Wörter nach dem jeweils auftretenden Nasal, indem du das Wort in die passende Spalte einträgst.

annonce – bien – danse – demain – encore – grimper –

inviter – manger – monter – pardon – raconter – souvent

[ɛ̃]	[ɑ̃]	[õ]

Sprich die Wörter nun zur Kontrolle spaltenweise laut aus. Höre dir zum Vergleich die Aussprache auf der CD an.

10 Auf der CD hörst du vier Sätze mit besonders vielen Nasalen. Sprich diese Sätze einzeln nach. Du kannst sie im Lösungsteil nachschlagen.

Stimmhaftes/stimmloses „s“ 23–24

Die Aussprache von *s* im Französischen macht deutschen Muttersprachlern oft Schwierigkeiten. Es gibt zwar auch im Deutschen das stimmhafte (summende) und das stimmlose (zischende) „s“, aber nicht immer an derselben Stelle im Wort.

[z] (= stimmhaft) wie in *quatorze*
[s] (= stimmlos) wie in *super* (im Deutschen stimmhaft!)

11 Sortiere die folgenden Wörter nach stimmhaftem und stimmlosem „s“, indem du das Wort in die passende Spalte einträgst.

cousine – cuisine – ensemble – facile – gymnase – magasin – maison – monsieur – quinze – salut – situation – sympa – traverser – voisine

[z]	[s]

Sprich die Wörter nun zur Kontrolle spaltenweise laut aus. Höre dir zum Vergleich die Aussprache auf der CD an.

Stimmhaftes/stimmloses „sch“ 25 – 26

Im Französischen gibt es einen stimmhaften und einen stimmlosen „sch“-Laut.

[ʒ] (= stimmhaft) wie in *bouger*
[ʃ] (= stimmlos) wie in *bouchon*

Im Deutschen kennst du den stimmhaften „sch“-Laut nur von einigen Fremdwörtern, die aus dem Französischen stammen: Etage, Passage, Garage.

12 Trage die folgenden in Lautschrift wiedergegebenen Wörter in normaler Schrift in die jeweils passende Spalte der Tabelle ein.

[aʒ] – [ataʃe] – [oʒuʀdɥi] – [ʃa] – [ʃjɛ̃] – [deʒa] – [dimɑ̃ʃ] –
[goʃ] – [ʒimnɑz] – [imaʒ] – [maʃin] – [mɑ̃ʒe]

[ʒ]	[ʃ]

Sprich die Wörter nun zur Kontrolle spaltenweise laut aus. Höre dir zum Vergleich die Aussprache auf der CD an.

Diktat: Au cinéma 27

13 Schreibe das Diktat. Dann vergleiche deine Fassung mit der Lösung im Lösungsteil. Markiere die Fehler und schreibe die falschen Stellen einmal richtig, damit sich die richtige Schreibweise einprägt.

Übersetzung: Mme Salomon

14 Mme Salomon ist eine Nachbarin der Familie Carbonne. Sie ist auch die Eigentümerin ihrer Wohnung. Mme Salomon arbeitet als Schauspielerin. Sie macht eine Werbung für das Fernsehen. Aber sie hat Angst, ihren Text zu vergessen. Das ist eine Werbung für Kroketten. Ihre Katze Filou spielt die Rolle der Katze. Aber sie mag die Kroketten nicht. Das ist die Chance für Amandine, die Katze von Emma. Sie wird der Star der Werbung sein.

Bildergeschichte: Mon samedi après-midi

15 Schreibe einen kleinen Text zu den Bildern. Stelle dir vor, dass du deinen eigenen Samstagnachmittag beschreibst. Beginne jeweils mit der Zeitangabe und verwende die Wörter und Ausdrücke aus den bisherigen Lektionen. Schau in deinem Schulbuch nach, wenn du nicht weiter weißt. Die Lösung im Lösungsteil kann in diesem Fall nicht die einzige richtige sein. Vergleiche sie aber dennoch mit deiner Lösung und korrigiere deine Fassung, wenn du beim Vergleich Fehler entdeckst.

14.00

14.30

15.30

16.15

16.45

17.00

LEKTION 7

Das Adjektiv: Die Stellung

Im Gegensatz zum Deutschen und Englischen stehen im Französischen die meisten Adjektive nach dem Nomen.

Adrien est un **cuisinier sympa**. Adrien ist ein sympathischer Koch.

Im Französischen stehen nur wenige Adjektive vor dem Nomen. Es handelt sich dabei jedoch um sehr häufig benutzte Adjektive. Folgende sind dir bekannt: **petit** (klein), **grand** (groß), **bon** (gut), **mauvais** (schlecht), **joli** (hübsch), **autre** (anders).

Adrien est un **bon cuisinier**. Adrien ist ein **guter** Koch.

Wie im Deutschen kann das Adjektiv auch durch ein Verb (hier *être*) mit dem Nomen verbunden werden.

C'est un **joli** livre. Das ist ein **schönes** Buch.
Le livre **est joli**. Das Buch **ist schön**.

1 Bringe die Wörter in die richtige Reihenfolge.

grand / c' / est / chat / un ______________________

est / appartement / joli / l' ______________________

c' / un / est / sympa / médecin ______________________

bizarre / film / est / le ______________________

est / acteur / c' / un / allemand ______________________

un / petit / est / c' / chien ______________________

Das Adjektiv: Maskulinum und Femininum (Singular)

Adjektive richten sich nach dem Genus des Nomens, auf das sie sich beziehen. Die feminine Form der Adjektive wird durch das Anhängen eines *-e* gebildet.

C'est **un** taxi **bleu**.	**Le** taxi est **bleu**.
C'est **une** voiture **bleue**.	**La** voiture est **bleue**.

C'est **un petit** taxi.
C'est **une petite** voiture.

Bei Adjektiven, die im Maskulinum schon auf *-e* enden, gibt es keinen Unterschied zwischen Maskulinum und Femininum.

un carton vid**e**	une bouteille vid**e**
un texte facil**e**	une question facil**e**

Manche Adjektive haben im Femininum Sonderformen. Lerne die männlichen und die weiblichen Formen am besten paarweise, z. B.:

blanc	–	blan**che**	bon	–	bon**ne**
faux	–	fau**sse**	sportif	–	sporti**ve**

2 Übersetze.

ein kleines Haus ______________________

eine große Buchhandlung ______________________

ein hübsches Foto ______________________

eine gute Schauspielerin ______________________

ein weißes Haus ______________________

eine deutsche Buchhandlung ______________________

ein merkwürdiges Foto ______________________

eine französische Schauspielerin ______________________

Das Adjektiv: Plural

Steht das Nomen im Plural, dann steht auch das Adjektiv im Plural. An die Singularform des Adjektivs wird deshalb ein *-s* angehängt.

C'est **un** taxi **bleu**.	Das ist ein blaues Taxi.
Ce sont **des** taxis **bleus**.	Das sind blaue Taxis.
La voiture est **bleue**.	Das Auto ist blau.
Les voitures sont **bleues**.	Die Autos sind blau.

Adjektive, die im Maskulinum Singular schon auf *-s* oder *-x* enden, erhalten im Plural kein weiteres *-s*.

un mauvai**s** exemple	de**s** mauvai**s** exemple**s**
un mot françai**s**	de**s** mot**s** françai**s**

Einige wenige Adjektive sind im Singular und im Plural nicht veränderlich.

un bus orang**e** **une** voiture orang**e** **des** voitures orang**e**

3 Setze in den Plural.

une bonne idée ____________________

une réponse bizarre ____________________

une grande photo ____________________

un garçon sympa ____________________

un immeuble gris ____________________

l'autre appartement ____________________

la bouteille orange ____________________

le banc vert ____________________

Tipp Achte darauf, dass das Adjektiv im Französischen auch dann an das zugehörige Nomen angepasst wird, wenn es nach *être* steht: *La voiture blanche / La voiture est blanche.* – Das weiße Auto / Das Auto ist weiß.

4 Jetzt kennst du alle wichtigen Regeln zum Adjektiv und kannst die folgenden Sätze vervollständigen. Entscheide, ob das Adjektiv vor oder nach dem Nomen steht.

1. *Christian:* Voilà une ________________ BD ________________. (deutsch)

   Les images sont très ________________. (schön)

   Mais les dialogues ne sont pas ____________ (einfach) pour un Français.

2. Christian et Thomas sont des _______________ copains _______________ d'Emma. (gut)

   Elle a une ________________ sœur ________________. (klein)

   Ses parents sont ________________. (sympathisch)

   Mais ils ont des _______________ idées _______________ (merkwürdig):

   Ils cherchent une ____________ maison ____________ (groß) en banlieue.

Angaben über Mengen machen

Du kannst Mengen durch ein Adverb (z. B. *beaucoup*) oder durch ein Nomen angeben. Im Französischen steht zwischen Mengenangabe und folgendem Nomen ein ***de***. Vor Vokal wird ***de*** zu ***d'*** verkürzt.

Mme Salomon invite **beaucoup d'**enfants.	… **viele** ␣ Kinder
Elle a **peu de** texte.	… **wenig** ␣ Text
Elle boit **un verre d'**eau.	… **ein Glas** ␣ Wasser
Filou regarde **l'assiette de** croquettes.	… **den Teller** ␣ Kro-ketten
Il y a **trop de** croquettes pour le chat.	… **zu viele** ␣ Kroketten

5 Übersetze.

viele Freunde ______________________

eine Liste Adressen ______________________

ein Karton Fotos ______________________

drei Seiten Text ______________________

zu viele Fragen ______________________

wenig Ideen ______________________

Die Verneinung und die Begleiter

Folgt auf die Verneinung ein Nomen, so wird der unbestimmte Artikel durch ***de*** ersetzt.

Filou mange **des** croquettes?
Non, il **ne** mange **pas de** croquettes. … **keine** Kroketten
Le réalisateur a encore **un** chat?
Non, il **n'**a **plus de** chat. … **keine** Katze **mehr**

Nach verneintem *être* steht jedoch derselbe Begleiter wie im bejahten Satz.

Filou est **un** chien? – Non, Filou **n'est pas un** chien. … **kein** Hund

Nach *aimer* steht im Französischen im Unterschied zum Deutschen der **bestimmte** Artikel. Dies gilt auch für die Verneinung, so dass auch hier derselbe Begleiter wie im bejahten Satz steht.

Filou **aime les** croquettes? – Non, il **n'aime pas les** croquettes.

6 Mache aus den folgenden Sätzen verneinte Aussagen.

1. Adrien est un copain d'Emma.

____

2. Malika regarde des livres en allemand.

____

3. Le voleur vole un portable.

____

4. Derrière le taxi, il y a un bus.

____

5. Les touristes aiment les voleurs.

____

Die Verben *écrire* und *lire*: Präsens

Die Verben *écrire* (schreiben) und *lire* (lesen) sind nicht nur inhaltlich verwandt, sondern auch in den Formen im Präsens ähnlich.

écrire	schreiben	**lire**	lesen
j'écri**s**	ich schreibe	je li**s**	ich lese
tu écri**s**	du schreibst	tu li**s**	du liest
il, elle, on écri**t**	er, sie, man schreibt	il, elle, on li**t**	er, sie, man liest
nous écri**v**ons	wir schreiben	nous li**s**ons	wir lesen
vous écri**v**ez	ihr schreibt	vous li**s**ez	ihr lest
ils, elles écri**v**ent	sie schreiben	ils, elles li**s**ent	sie lesen

Imperativ:
Ecris / Ecrivons / Ecrivez

Imperativ:
Lis / Lisons / Lisez

7 Vervollständige das Raster mit Formen von *écrire*. Berücksichtige auch die Imperativ-Formen.

		s					v				■	j'					
			s							z	■	é					
e								t	■	é					v	o	

8 Übersetze.

Liest du? ______________________________

Nein, ich lese nicht, ich schreibe. ______________________________

Was schreibst du? ______________________________

Meine Freundin und ich, ______________________________

wir schreiben einen Dialog auf Deutsch. ______________________________

Ihr schreibt auf Deutsch? ______________________________

Ja, willst du den Dialog lesen? ______________________________

Die Verben *boire*, *prendre* und *ouvrir*: Präsens

Die Verben *boire*, *prendre* und *ouvrir* sind in den Formen verschieden und haben jeweils eine Auffälligkeit.

boire (trinken)	**prendre** (nehmen)	**ouvrir** (öffnen)
je boi**s**	je prend**s**	j'ouvr**e**
tu boi**s**	tu prend**s**	tu ouvr**es**
il, elle, on boi**t**	il, elle, on pren**d**	il, elle, on ouvr**e**
nous b**uv**ons	nous pre**n**ons	nous ouvr**ons**
vous b**uv**ez	vous pre**n**ez	vous ouvr**ez**
ils, elles boi**v**ent	ils, elles pre**nn**ent	ils, elles ouvr**ent**
Imperativ:	**Imperativ:**	**Imperativ:**
Bois	Prends	Ouvre
Buvons / Buvez	Prenons / Prenez	Ouvrons / Ouvrez

Beachte: *Boire* hat im Plural ein *-v-* und zweimal *-u-*.
Prendre hat im Plural zweimal *-n-* und einmal *-nn-*.
Ouvrir hat die gleichen Endungen wie die Verben auf *-er*.

9 Ergänze die Verbformen.

	boire – prendre – ouvrir								Übersetze.
je									Ich
tu					e				Du
elle									Sie
nous				r	o	n	s		Wir
vous									Ihr
ils									Sie
Imp. Sg.									
Imp. Pl. 1									
Imp. Pl. 2				r					

Gemischte Verbformen

10 Du hast in dieser Lektion fünf Verben kennen gelernt, die verschieden konjugiert werden. Im folgenden Text kannst du sie alle verwenden. Übersetze.

Christian trinkt ein Glas Wasser.

Dann öffnet er das Buch.

„Lies eine Geschichte!"

„Ich lese einen Satz

und ihr schreibt die Geschichte.

Nehmt eure Bleistifte!"

Nomen: Familie

11 Zu den Verwandtschaftsbezeichnungen, die du bereits kennst, kommen in Lektion 7 weitere hinzu. Es lohnt sich also, sich einen neuen Überblick zu verschaffen. Vervollständige die Übersicht.

Deutsch	Französisch
	les grands-parents
die Großmutter	
	mamie
Opa	
	les parents
die Mutter	
	le père
die (Ehe)Frau	
	le mari
die Tante	
	l'oncle
die Schwester	
	le frère
die Cousine	
	le cousin

12 Wende nun die Verwandtschaftsbezeichnungen an, um die Familie von Victor zu beschreiben, die sich in Rombly trifft. Wenn du nicht sicher bist, kannst du im Text von Lektion 7 nachschlagen.

Léa est la grande ____________ de Victor. Son ____________ s'appelle Marc. Victor a aussi une ____________, Isabelle. Le prénom de la ________________________ de Victor est Lili. Le ____________ de Lili s'appelle Bruno. Les ________________________ de Victor habitent à Rombly.

Nomen: Wochentage

13 In dieser Lektion lernst du auch die restlichen Wochentage auf Französisch kennen. Rekonstruiere alle Wochentage aus dem Buchstabensalat und schreibe die deutsche Übersetzung dahinter.

idlnu ______________________ – ______________________

adimr ______________________ – ______________________

cdeeimrr ______________________ – ______________________

deiju ______________________ – ______________________

ddeeinrv ______________________ – ______________________

adeims ______________________ – ______________________

acdehimn ______________________ – ______________________

Nomen: Tiere

14 Mit Lektion 7, die auf dem Lande spielt, wächst dein französischer Wortschatz für Tiernamen.

un a______________ – ein Tier

des a______________ – Tiere

un c______________ – eine Katze

un c______________ – ein Hund

un c______________ – ein Hahn

un o______________ – ein Vogel

des o______________ – Vögel

une p______________ – eine Henne

une v______________ – eine Kuh

Verben: Hörbares

15 Es sind jetzt schon viele Verben vorgekommen, die sich auf Geräusche im weitesten Sinne beziehen, also auf Hörbares. Kannst du die Verben erraten? In der folgenden Übersicht sind sie alphabetisch sortiert, und die darunter stehenden Beispielsätze helfen dir beim Suchen. Trage die Infinitive in die Tabelle ein und setze die passenden Verbformen in die Beispielsätze.

1.										
2.										
3.										
4.										
5.										
6.										
7.										
8.										

1. Victor et les oiseaux aiment ____________________.

2. Le touriste ____________________: «Au voleur!»

3. Thomas ____________________ à Adrien: «Tu as ton portable?»

4. Thomas n'est pas d'accord. Il ____________________ avec le prof.

5. Christian ____________________ bien français et allemand.

6. Les copains ____________________ l'histoire aux policiers.

7. Le téléphone ____________________.

8. Emma ____________________ à Mme Leclerc à Montrouge.

Adjektive: Farben

16 Hier findest du alle Farben auf einen Blick. Trage ein.

b ____________	– weiß	n ____________	– schwarz
b ____________	– blau	o ____________	– orange
g ____________	– grau	r ____________	– rot
j ____________	– gelb	v ____________	– grün
m ____________	– braun		

Tipp Beachte beim Gebrauch der Farbadjektive, dass sie im grammatischen Geschlecht (maskulinum/femininum) und im Numerus (Singular/Plural) an das Nomen angeglichen werden müssen, auf das sie sich beziehen.

17 Ergänze.

des chemises	____________	(weiß)
une affiche	____________	(blau)
des images	____________	(grau)
des oiseaux	____________	(gelb)
une guitare	____________	(braun)
des pianos	____________	(schwarz)
des robes	____________	(orange)
des crayons	____________	(rot)
des arbres	____________	(grün)

Hören und verstehen 28

18 Höre genau hin. Die folgenden Aussagen zu Lektion 7 sind teilweise richtig und teilweise falsch. Kreuze an.

1. ☐ richtig ☐ falsch
2. ☐ richtig ☐ falsch
3. ☐ richtig ☐ falsch
4. ☐ richtig ☐ falsch
5. ☐ richtig ☐ falsch
6. ☐ richtig ☐ falsch
7. ☐ richtig ☐ falsch
8. ☐ richtig ☐ falsch

Hören und nachsprechen 29

19 Höre dir die folgenden Sätze an und sprich sie nach. Bei den Lösungen kannst du den Text nachlesen.

Hören und schreiben 30

20 Du hörst den vollständigen Text, aber du hast nur eine unvollständige Mitschrift. Vervollständige sie.

Victor va _______ __________________ avec Emma. Il écoute souvent

des CD, mais il ____________ aussi _______ ____________________.

Il ______________ et il joue de_______ _________________ et _______

________________. Les ___________________ ___________________Victor

très sympa. Emma aussi. Alors, Emma invite Victor _______ _______

________________________, mais la réponse de Victor est «non». _______

______________ de rap joue le jour _________ _________ _________.

Emma _______ _______ _______ contente.

Das Wesentliche verstehen

21 In Lektion 7 vergisst Familie Bajot einen Vogel im Zug. Auch im Alltag verschwinden immer wieder Haustiere. Per Aushang und sogar per Internet versuchen die Besitzer, ihre verschwundenen Lieblinge wieder aufzuspüren. Lies die folgenden Anzeigen durch und prüfe die Aussagen 1–6 auf ihre Richtigkeit.

A) Perdu le 05/06/

Perdu chien, petite femelle Yorkshire

avec jupe rose et laisse, perdu le 5 juin, Avenue des Gobelins, échappé de l'Hôtel Le Brun
Sexe: femelle; Couleur: noir/brun

B) ***Perdu le 31/03/***
Perdu aujourd'hui un ***canari orange.*** Oiseau bagué s'est échappé à Paris dans le ***18ème arrondissement***
Sexe: mâle; Couleur: orange/rouge

C) **Perdu le 02/06/**
Perdu chat noir Daumesnil

Cherche chat noir, perdu le 02/06/ dans la rue Nicolai, Métro Daumesnil, Paris 12ème arrondissement. Il est fin, de type européen, tatouage: DPR691 à l'oreille droite. Il a trois ans. Si vous le voyez: 06.71.64.71 – peu importe l'heure. Merci. Sexe: mâle; Couleur: noir

	richtig	falsch
1. Der Hund in Anzeige A ist schwarz-braun.	☐	☐
2. Er ist groß.	☐	☐
3. Der Kanarienvogel von Anzeige B ist in Versailles verschwunden.	☐	☐
4. Er ist orange und rot.	☐	☐
5. In Anzeige C wird ein schwarzer Kater gesucht.	☐	☐
6. Er ist fünf Jahre alt.	☐	☐

Informationen heraussuchen

22 Die Familie Bajot hat auf der Reise zur Geburtstagsfeier nur eineinhalb Stunden Aufenthalt in Arras. Da kommt man kaum aus dem Bahnhof heraus. Aber im Internet findest du Informationen über die Stadt. Lies den Text durch und suche die unten aufgelisteten Informationen heraus.

Arras

Préfecture du Pas-de-Calais – ville universitaire – 43 566 habitants – Très bien desservie: Paris 175 km, Lille 48; autoroute A 26 vers Cambrai, Reims ou Calais – S.N.C.F. (Paris-Arras-Lille) TGV (Arras-Lyon) TGV nord: Paris à 50 mn, Lille à 20 mn – Aéroport de Lille Lesquin (30 mn).

Office du tourisme: Hôtel de Ville – Place des Héros tél.: 03 21 51 26 95

site: http://www.ot-arras.fr/

Patrie de François Vidocq (né en 1775) qui fut l'inventeur de la police moderne
... de Guy Mollet: Député-maire d'Arras sans interruption de 1945 à 1975

Einwohnerzahl: ______________________

Entfernung von Paris in km: ______________________

Reisedauer von Paris mit TGV: ______________________

Entfernung Flughafen Lille: ______________________

Internet-Adresse für Touristen: ______________________

Bekannte Kinder der Stadt –
Erfinder der modernen Polizei: ______________________

Bürgermeister von 1945 bis 1975: ______________________

LEKTION 8

Die Verben auf *-dre*: Präsens

Nach den Verben auf *-er* lernst du eine weitere Gruppe regelmäßiger Verben kennen, die Verben auf *-dre*.

Die Präsens-Endungen der Verben auf *-dre* lauten: *-s*, *-s*, */*, *-ons*, *-ez*, *-ent*. Das *-d* des Stamms *(répondre, attendre)* bleibt in allen Formen erhalten. Nur die Endungen *-ons* und *-ez* werden ausgesprochen.

répondre	antworten	**attendre**	warten
je répon**ds**	ich antworte	j'atten**ds**	ich warte
tu répon**ds**	du antwortest	tu atten**ds**	du wartest
il, elle, on répon**d**	er, sie, man antwortet	il, elle, on atten**d**	er, sie, man wartet
nous répon**dons**	wir antworten	nous atten**dons**	wir warten
vous répon**dez**	ihr antwortet	vous atten**dez**	ihr wartet
ils, elles répon**dent**	sie antworten	ils, elles atten**dent**	sie warten

Imperativ:
Répond**s**
Répond**ons** / Répond**ez**

Imperativ:
Attend**s**
Attend**ons** / Attend**ez**

In derselben Gruppe: ***vendre*** (verkaufen), ***entendre*** (hören)

1 Übersetze.

sie verkaufen ____________________

ihr hört ____________________

du verkaufst ____________________

ich höre ____________________

er verkauft ____________________

wir hören ____________________

Verkaufe! ____________________

Das Verb *dire*: Präsens

Das Verb *dire* (sagen) hat im Singular dieselben Endungen wie *écrire* und *lire*: **-s, -s, -t**.

dire sagen

je **dis**	ich sage	nous **disons**	wir sagen
tu **dis**	du sagst	vous **dites**	ihr sagt
il, elle, on **dit**	er, sie, man sagt	ils, elles **disent**	sie sagen

Imperativ:
Dis / Disons / **Dites**

2 Vervollständige das Raster mit Formen von *dire*. Berücksichtige auch die Imperativ-Formen.

			e			t		n								n		
		s		i			d					t					e	s
	u			s			e	d				d					s	

3 Übersetze.

Der Lehrer sagt: ______________________ Schreibt! ______________

Die Schüler schreiben. ______________________________

Sagt den Satz auf Deutsch! ______________________________

Die Schüler sagen den Satz auf Deutsch. ______________________

____

Lest den Satz! ______________________________

Die Schüler lesen den Satz. ______________________________

Aber Amandine schreibt nichts, sagt nichts, liest nichts. ______________

____

Die Verben *acheter* und *payer*: Präsens

Bei den regelmäßig konjugierten Verben auf *-er acheter* (kaufen) und *payer* (bezahlen) musst du beim Stamm einige Besonderheiten beachten.

acheter	kaufen	**payer**	bezahlen
j'ach**è**te	ich kaufe	je pa**i**e	ich bezahle
tu ach**è**tes	du kaufst	tu pa**i**es	du bezahlst
il, elle, on ach**è**te	er, sie, man kauft	il, elle, on pa**i**e	er, sie, man bezahlt
nous ach**e**tons	wir kaufen	nous pa**y**ons	wir bezahlen
vous ach**e**tez	ihr kauft	vous pa**y**ez	ihr bezahlt
ils, elles ach**è**tent	sie kaufen	ils, elles pa**i**ent	sie bezahlen

Imperativ:
Ach**è**te
Ach**e**tons / Ach**e**tez

Imperativ:
Pa**i**e
Pa**y**ons / Pa**y**ez

4 Übersetze.

Wir kaufen ein Geschenk.

____

____

Wer bezahlt?

____

Ich bezahle nicht. _______________________________

Ihr bezahlt. _______________________________

Du bezahlst das Geschenk und ich kaufe die Karte.

____

____

Die Zahlen von 70 bis 100

Die Zahlen von 70 bis 100 weisen einige Besonderheiten auf. Sie werden nämlich als Rechenaufgaben ausgedrückt.

70 = 60 + 10 71 → 79 = 60 + 11, + 12, … + 19

80 = 4 x 20 81 → 99 = 80 + 1, + 2, … + 19

Die Zahl 71 wird wie die Zahlen 21, 31 usw. mit ***et*** gebildet. Alle anderen Zahlen von 17 bis 99 verbinden Zehner und Einer mit einem Bindestrich.
Quatre-vingts verliert das *-s*, wenn eine weitere Zahl folgt.

soixante-dix	70
soixante et onze	71
soixante-douze	72
quatre-vingts	80
quatre-vingt-un	81
quatre-vingt-deux	82
quatre-vingt-dix	90
quatre-vingt-onze	91
quatre-vingt-douze	92
cent	100

5 Drücke die folgenden Rechenaufgaben vollständig mit französischen Zahlen aus.

27 + 46 = 73

____________ plus ____________ font ____________

100 – 5 = 95

____________ moins ____________ font ____________

63 + 24 = 87

____________ plus ____________ font ____________

Essen und Trinken – verschiedene Wortarten

6 Trage die Wörter in die Felder ein.

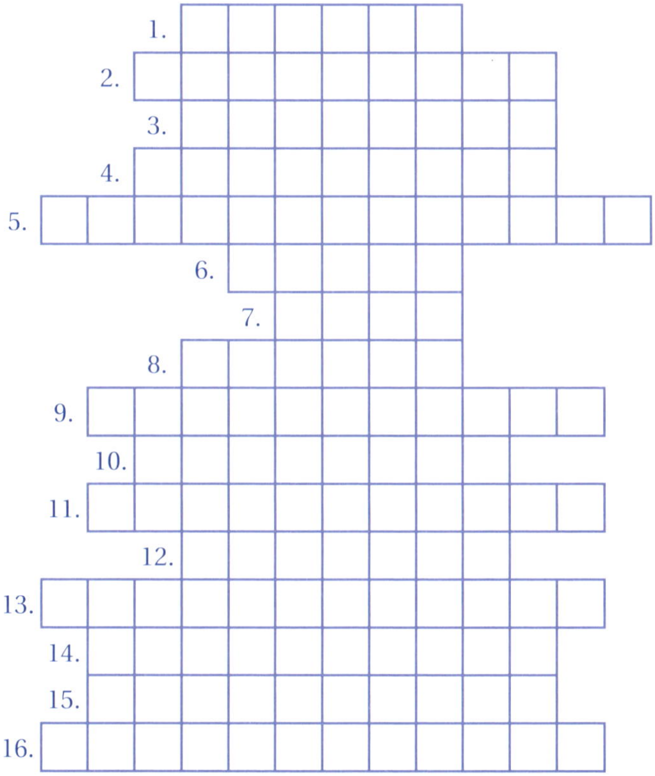

1. essen
2. Hunger haben
3. ein Kuchen
4. Pommes frites
5. Kroketten
6. trinken
7. das Wasser
8. die Cola
9. der Champagner
10. ein Tisch
11. ein Teller
12. ein Glas
13. eine Flasche
14. eine Küche
15. eine Kantine
16. ein Restaurant

Nomen: Wohnorte

7 Du kannst jetzt ziemlich genau beschreiben, wo jemand wohnt: in welcher Art von Wohnung, in welcher Art von Ort, in welchem Land. Verwende die Bezeichnungen *un appartement, une maison, un village, une ville, l'Allemagne, la France,* um auf die folgenden drei Fragen zu antworten.

Où est-ce qu'Emma habite?

Elle habite dans ______________________ dans

______________________ en ______________________.

Où est-ce que Lili, la grand-mère de Victor, habite?

____

Où est-ce que tu habites?

____

Verben des Sagens

8 In Lektion 8 hast du weitere Verben des Sagens kennen gelernt. Du kennst jetzt acht verschiedene. Setze sie im Infinitiv in die freien Felder und jeweils passend in die Beispielsätze ein.

1.									
2.									
3.									
4.									
5.									
6.									
7.									
8.									

1. Mme Bertaud est en colère. Elle ________________ :
   «Arrêtez maintenant!»
2. Christian ________________ à Julia: «On fait la bise?»
3. Malika regarde. Elle ne ________________ rien.
4. Victor ________________ avec ses copains allemands.
5. Christian ________________ les notes allemandes à ses copains français.
6. Christian est bilingue: Il ________________ allemand et français.
7. Après la semaine à Bruxelles, les enfants ont beaucoup de choses
   à ________________ à leurs parents.
8. Et ils vont aussi ________________ à leurs questions.

Verben: Gefühle

9 In Lektion 8 geht es unter anderem um die Gefühle von Christian und Malika. Um fremde und eigene Gefühle auszudrücken, stehen dir jetzt recht viele Ausdrücke zur Verfügung. Finde sie im Buchstabensalat. Der erste Buchstabe ist jeweils richtig.

aeimr ________________ = ________________

aiorv peru ________________ = ________________

aiorv eeinv ________________ = ________________

déeirrs ________________ = ________________

êert ceonntt ________________ = ________________

êert en cèeolr ________________ = ________________

rêerv ________________ = ________________

Hören und verstehen 31

10 Höre genau hin. Die folgenden Aussagen zu Lektion 8 sind teilweise richtig und teilweise falsch. Kreuze an.

1. ☐ richtig ☐ falsch
2. ☐ richtig ☐ falsch
3. ☐ richtig ☐ falsch
4. ☐ richtig ☐ falsch
5. ☐ richtig ☐ falsch
6. ☐ richtig ☐ falsch
7. ☐ richtig ☐ falsch
8. ☐ richtig ☐ falsch

Hören und nachsprechen 32

11 Höre dir die folgenden Sätze an und sprich sie nach. Bei den Lösungen kannst du den Text nachlesen.

Hören und schreiben 33

12 Du hörst den vollständigen Text, aber du hast nur eine unvollständige Mitschrift. Vervollständige sie.

Les élèves allemands et français ______________ dans une auberge de ______________ à Bruxelles. Elle ______________ «Jacques Brel». Le premier __________, ils mangent ensemble au ________________ _____ l'______________. Pendant la semaine, ils travaillent dans _____ __________ ______________. Dans les groupes, on parle __________, ______________ et ______________. On travaille pour le projet, mais on parle aussi de l'__________ et _____ ________________.

Das Wesentliche verstehen

13 Die Jugendherberge in Brüssel, in der sich die französischen und deutschen Schüler in Lektion 8 treffen, gibt es tatsächlich. Lies den Text der Internetseite der Jugendherberge durch und prüfe die Aussagen 1–6 auf ihre Richtigkeit.

Vous souhaitez séjourner à Bruxelles dans un lieu convivial et international: rendez-vous à

l'Auberge de Jeunesse Jacques Brel

Située dans le centre-ville, c'est le point de départ idéal pour découvrir Bruxelles. L'Auberge de Jeunesse organise des visites thématiques de la ville, des concerts, des activités en partenariat avec le secteur associatif.

Dates d'ouverture
02/01–13/12
La réception est ouverte de 7h30 à 1h du matin.

Tarifs individuel
Chambre standard (sanitaires communs): Chambre de 6 pers. et + : 14,75 €
Chambre confort (sanitaires privés): Chambre de 3 ou 4 pers.: 16,75 €

Repas (Tarif unique pour tous)

Pique-nique	5,00 €	Menu avec potage	8,25 €
Lunch froid	6,75 €	Menu avec entrée	9,25 €
Plat du jour	6,10 €		

	richtig	falsch
1. Die Jugendherberge liegt im Stadtzentrum.	☐	☐
2. Sie organisiert Besichtigungen der Stadt.	☐	☐
3. Sie ist das ganze Jahr hindurch geöffnet.	☐	☐
4. Wer nicht mit fünf anderen in einem Zimmer sein will, muss 2 € mehr bezahlen.	☐	☐
5. Das Tagesgericht kostet 8,25 €.	☐	☐
6. Morgens um 8 Uhr ist der Empfang noch nicht besetzt.	☐	☐

Informationen heraussuchen

14 Emma hat in Brüssel viele Fotos gemacht. Jetzt möchte sie den Film entwickeln lassen und informiert sich über die Preise. Lies das folgende Angebot durch und suche die unten aufgelisteten Informationen heraus.

Tirages photo

Format	Taille papier réelle	Prix
10 x 15 cm	102 x 153 mm	0,29 €
13 x 19 cm	127 x 190 mm	0,79 €
20 x 30 cm	203 x 304 mm	2,75 €
30 x 45 cm	305 x 455 mm	10,95 €

Votre photo est imprimée en format 24 x 18 cm sur un T-Shirt de qualité (pur coton, fabrication européenne). 17,95 €

Quand vais-je recevoir ma commande?
Vos photos seront développées en règle générale le jour ouvrable suivant votre commande et seront expédiées par courrier prioritaire. Le temps moyen d'acheminement postal est de 2 à 4 jours ouvrables. Vous pouvez en tout temps vérifier l'état de votre commande au moyen de notre page de suivie de commande en ligne.

Einzelpreis kleinstes Format: ____________________

Größtes angebotenes Format: ____________________

Größe Foto auf T-Shirt: ____________________

Preis eines T-Shirts mit Foto: ____________________

Herkunft T-Shirt: ____________________

Dauer der Postzustellung Fotos: ____________________

Plattform 3 (Lektion 7–8)

Präpositionen

1 Du hast in diesem Buch schon viele Präpositionen kennen gelernt. Präpositionen stehen vor Nomen oder Nominalgruppen und verändern sich nicht. Vervollständige die folgende Übersicht. Die französischen Präpositionen sind alphabetisch geordnet.

Französisch	Deutsch
	in
après	
	mit
chez	
	als/wie
contre	
	in
de	
	seit
derrière	
	vor (örtlich)
en	
	während
pour	
	ohne
sous	
	auf/über

2 Ergänze nun in einem Text die fehlenden Präpositionen. Die folgenden Präpositionen werden gebraucht: à (2x), après, avec (3x), comme, d', dans, de, depuis, devant, en (2x), pendant, pour, sur.

____________ l'école, Victor reste souvent ____________ la maison ____________ faire de la musique. Il joue du piano ____________ quatre ans. Mais Victor est aussi un peu ____________ les autres ____________ sa classe. Il joue au foot _________ ses copains. Il est mauvais _________ allemand. ____________ les récréations, il aide ses copains ____________ leurs devoirs ___________ français et ___________ espagnol. ___________ Bruxelles, il joue de la guitare _________ la place _________ l'auberge, et il chante _______ allemand _________ Julia, sa correspondante allemande.

Konjunktionen

3 Konjunktionen sind Bindewörter, die Sätze oder Satzteile miteinander verbinden. Du kennst car (denn), et (und), mais (aber/sondern), ou (oder), parce que / parce qu' (weil), que/qu' (dass) und si/s' (ob). Vervollständige den folgenden Text. Nicht alle Konjunktionen, die du kennst, kommen vor, einige jedoch mehrmals.

Christopher demande au prof ________ il peut chercher un magasin de photo, ____________ il veut acheter «einen Film». Il a un petit problème dans le magasin, ____________ il ne sait pas ___________ le mot français n'est pas «film», ____________ «pellicule», ____________ il ne sait pas ____________ «caméra» n'est pas le mot français pour «Fotoapparat». La dame dans le magasin veut savoir ____________ Christopher veut faire un film ____________ des photos.

Adverbien

Adverbien sind Wörter, die die Bedeutung von Sätzen (und manchmal auch von einzelnen Wörtern) verändern. Wie sie dies im Einzelnen tun, kann man am besten sehen, wenn man sie inhaltlich sortiert.

4 Die folgenden Adverbien haben im weitesten Sinne mit zeitlichen Verhältnissen zu tun. Finde das fehlende französische Wort.

Französisch	Deutsch
d'__________	zuerst
a__________	danach
p__________	dann
e__________	schließlich/endlich
m__________	jetzt
a__________	heute
t__________	sofort
d__________	morgen
s__________	oft
t__________	immer
d__________	schon
e__________	noch / schon wieder

5 Übersetze den folgenden Dialog mit typischen Zeitadverbien.

Es ist schon Viertel vor acht!

____

Du hast noch zehn Minuten.

____

Hast du heute eine Verabredung mit Adrien?

____

Ja, aber zuerst werde ich für die Schule arbeiten.

____

Danach werden wir zusammen ins Kino gehen.

____

6 Die folgenden Adverbien betreffen räumliche Verhältnisse. Finde das fehlende französische Wort.

Französisch	Deutsch
en b__________	unten / nach unten
en h__________	oben / nach oben
à d__________	(nach) rechts
à g__________	(nach) links
i__________	hier
l__________	da/dort

Feste Ausdrücke

Die französische Sprache besteht nicht nur aus Sätzen, die aus kleinen Bausteinen „zusammengebaut“ werden, sondern auch aus häufig wiederkehrenden festen Ausdrücken, die man wie Vokabeln lernen kann. Sie machen einen großen Teil der Alltagsgespräche aus, von *Bonjour* bis *Merci* und von *Ça va* bis *Au revoir*. Mit den folgenden Übungen kannst du sie dir nochmals einprägen.

Begrüßung und Verabschiedung

7 Setze die fehlenden französischen Ausdrücke ein.

Französisch	Deutsch
____________, madame.	Guten Tag!
____________, les copains.	Hallo Freunde!
____________.	Guten Abend!
____________?	Hallo? / Ja bitte? (am Telefon)
____________, monsieur.	Auf Wiedersehen!
____________, les copains.	Tschüs, Freunde!
____________!	Bis bald!

Höfliche Wendungen

8 Wenn du im Gespräch mit Franzosen einen guten Eindruck machen willst, solltest du höfliche Wendungen kennen und sie verwenden. Setze sie in die Buchstabenfelder ein. Der erste Buchstabe und die sich anschließenden Satzbeispiele helfen dir beim Suchen.

1.	b														
2.	ç														
3.	ç														
4.	s	’													
5.	s	’													
6.	m														
7.	d														
8.	p														

1. … à Paris, Christian!
2. …?
3. Oui, …, et toi?
4. Je peux avoir un verre d’eau, …, madame?
5. Dis la phrase en allemand, …, Christian.
6. Le cadeau est sympa. … beaucoup!
7. … .
8. …? Je ne comprends pas très bien le français.

Ausdrücke in bestimmten Situationen

9 Zu bestimmten Situationen passen bestimmte Ausrufe und Kommentare. Bringe jeweils den Buchstabensalat in Ordnung.

einsv

____

Komm!

d'aoccdr

____

Einverstanden.

bfo

____

(Ausdruck geringer Begeisterung)

tuz

____

Mist!

au ceorrsu

____

Hilfe!

aborv

____

(Französisch = Deutsch)

eptu-êert

____

Vielleicht.

Diktat: La fête de famille 34

10 Schreibe das Diktat. Dann vergleiche deine Fassung mit der Lösung im Lösungsteil. Markiere die Fehler und schreibe die falschen Stellen einmal richtig, damit sich die richtige Schreibweise einprägt.

Übersetzung: La rencontre franco-allemande

11 Die französischen Schüler des Collège Anne Frank fahren nach Brüssel. Dort treffen sie deutsche Schüler aus Kassel. Ihr Projekt: ein zweisprachiger Kalender. Die Schüler arbeiten in kleinen Gruppen. Deutsche und französische Schüler arbeiten zusammen. Erst wollen die deutschen Schüler immer englisch sprechen. Nach zwei Tagen haben sie keine Angst mehr, französisch zu sprechen. Nach einer Woche sind die Lehrer und die Schüler zufrieden und sagen: „Auf Wiedersehen und bis bald!“

Bildergeschichte: L'album de photos

12 Stelle dir vor, dass du die Personen aus dem Lehrbuch persönlich kennen lernst und Fotos machst. Schreibe Kommentare zu den Bildern für dein Foto-Album. Stütze dich dabei auf die Geschichten in „Découvertes".

Lösungen

LEKTION 1

1

un nouveau	une voiture
un collège	un garçon
un chat	un prénom
un chien	une fille

2

une rue — un professeur

3

Toi, tu es Emma?
Oui, je suis Emma.
Mme Bertaud, c'est une prof sympa?

4

Je suis madame Bertaud, professeur d'allemand.
Tu es Christian?
Christiane, c'est un prénom de fille!

5

zu den Gasteltern: Bonjour!
zu den Kindern: Salut!

6

von der Lehrerin: Au revoir, madame!
von den Mitschülern: Salut!

7

oui – non
un chat – un chien
madame – monsieur
une fille – un garçon
toi – moi

8

1. Christian Beckmann est un nouveau. – richtig
2. M. Beckmann est professeur d'allemand. – falsch
3. Emma est un prénom de fille. – richtig
4. Emma est un garçon sympa. – falsch
5. Mme Bertaud est une voiture. – falsch
6. Mme Bertaud est professeur d'allemand. – richtig

9 Salut, Emma! – Salut, Malika! Ça va? – Oui, ça va bien, merci. Tiens, un nouveau. – C'est Christian, Christian Beckmann. – Bonjour. Tu t'appelles comment? – Moi, je m'appelle Malika. Bienvenue, Christian!

10 Bonjour, madame. – Bonjour, Emma. Ça va? – Oui, ça va. C'est un nouveau? – Oui, c'est Christian, Christian Beckmann. C'est un garçon sympa. Christian est de Berlin. – Bienvenue à Paris, Christian!

11
– Hallo?
– Guten Tag, meine Dame.
– Ich bin keine Dame, sondern ein Herr.
– Oh Verzeihung, meine Dame.

12
Er/Sie ist neu an dem Wohnort: Vincent
Er/Sie hat einen Hund: Cathy
Er/Sie mag zwei Ballsportarten: Emilie
Er/Sie liebt Judo: Rayan

Übersetzung:

Hallo! Ich heiße Emilie. Ich mag Tiere, Natur und Sport, besonders Basketball und Rugby.

Hallo an alle! Ich heiße Rayan. Ich bin zehn Jahre alt. Ich mag Fußball und Judo. Ich lese auch gern und sehe mir Comics an. Ich möchte dir gern schreiben. Tschüs und bis bald!

Ich heiße Cathy. Ich bin 13 Jahre alt und 1,60 m groß. Ich spiele Tennis, ich habe einen Hund. Ich mag Sport, das Surfen im Internet und Hunde. Ich suche Jungen und Mädchen im Alter von 12 bis 15 als Brieffreunde.

Vincent. Guten Tag, ich bin neu hier! Ich suche im Internet neue Freunde und Freundinnen. Wenn ihr wie ich Videospiele mögt, bin ich sehr interessiert. Ich habe Lösungen für viele Spiele. Bis bald …

LEKTION 2

1

une voiture – la voiture
un collège – le collège
un chat – le chat
une rue – la rue
un prénom – le prénom

2

une bouteille – la bouteille
un banc – le banc
un papier – le papier
une poubelle – la poubelle
une porte – la porte

3

l'étagère – une étagère
l'arbre – un arbre
l'affiche – une affiche

4

la voiture: elle
le texte: il
le chat: il
la papeterie: elle
le magasin: il
l'affiche: elle
le carton: il
la nature: elle

5

elle dessine
tu colles
je quitte
on regarde
je pose
tu ramasses
il entre
elle trouve

6

Was machst du, wenn du vor einem Zimmer stehst?	Was machst du, wenn du etwas verloren hast?	Was kannst du mit Papier machen?
entrer	chercher	coller
quitter	regarder	dessiner
	trouver	ramasser

7

1. Tu trouves le bloc à dessin sur l'étagère.
2. La bouteille est sous l'arbre.
3. Christian entre dans le magasin avec Malika.
4. Malika regarde derrière une porte.
5. Le carton est devant le banc.
6. Christian pose le dessin sur le banc.

8

1. Malika ramasse un papier et une bouteille. – richtig
2. Christian dessine Malika. – falsch
3. Malika dessine aussi. – falsch
4. Christian entre dans la papeterie de Mme Rollin. – richtig
5. Il cherche Malika. – falsch
6. Amandine, le chat d'Emma, est dans la cour. – richtig

9

Salut, Christian! – Salut, Malika! – Tu dessines? Qu'est-ce que c'est? – C'est le square Trousseau. – Ah oui. Mais, c'est sale ici! La bouteille sous le banc, le papier derrière le banc. – On ramasse, tu es d'accord?– Oui, on ramasse. La poubelle est vide.

10

Malika respecte la nature.
Christian est d'accord. Il dessine une affiche.
Pour l'affiche, il cherche un bloc
à dessin dans la papeterie de Mme Rollin.
Il quitte le magasin. Malika trouve
une cour derrière une porte.
Christian entre dans la cour avec Malika.
Emma est là aussi.

11

In den *conteneur à emballages* kommen die Plastikflaschen. – richtig
Metalldosen kommen in den *conteneur à verre*. – falsch
Prospekte und Magazine kommen in die *poubelle habituelle*. – falsch
Abfall für die *poubelle habituelle* muss in Säcken verpackt sein. – richtig

Übersetzung:

Hinweise zur Mülltrennung

Container für Verpackungen
Plastikflaschen und -fläschchen
Fertiggerichts-Packungen, Getränkekartons
Metalldosen

Glascontainer
Glasflaschen
Glasbehälter für Nahrungsmittel

Papiercontainer
Zeitungen
Prospekte und
Zeitschriften

Restmüll-Container
Alle sonstigen Abfälle,
in Müllsäcke verpackt

LEKTION 3

1

les bouteilles
les magasins
les arbres
les voisins
les voisines
les étagères

2

la gomme
le square
le banc
la poubelle

3

des garçons
des chats
des affiches
des portes
des cartons
des voitures

4

des chiens
des professeurs
des papeteries
des filles

5

un chien
une photo
une place
un collège

6

vous collez
ils ramassent
elles aiment
nous entrons
ils quittent

7

elles regardent
ils posent
nous respectons
nous trouvons
vous marquez

8

ils regardent
vous dessinez
nous quittons
elles trouvent
vous ramassez

9

Toi et moi, nous sommes copains.
Elle et toi, vous êtes voisins.
Emma et Christian? Ils sont sur le dessin.

10
nous dessinons
vous aimez
vous êtes
ils sont
elles trouvent
nous sommes

11
je suis
tu ramasses
il entre
nous sommes
vous respectez
elles trouvent

je dessine
tu marques
elle est
nous cherchons
vous êtes
ils posent

j'aime
tu es
on colle
nous quittons
vous regardez
elles sont

12
Emma liebt ihre Katze.
Christian liebt seine Zeichnung.

13
mes professeurs
ta rue
son collège
ma classe
sa voiture

son chien
tes dessins
ta gomme
mon affiche
ses crayons

14
1. Le dessin est à moi – c'est mon dessin.
2. Le crayon est à toi – c'est ton crayon.
3. Le chien est à Christian – c'est son chien.
4. Le carton est à Emma – c'est son carton.
5. Les cahiers sont à toi – ce sont tes cahiers.
6. Les blocs à dessin sont à moi – ce sont mes blocs à dessin.
7. Les étagères sont à Malika – ce sont ses étagères.
8. Les affiches sont à Victor – ce sont ses affiches.

15
Mme Carbonne est la femme de M. Carbonne.
M. Carbonne est le mari de Mme Carbonne.
Ce sont les parents d'Emma.
Emma, Valentin et Manon sont les enfants de Mme et M. Carbonne.
Emma et Manon sont les sœurs de Valentin.
Valentin est le frère d'Emma et Manon.

16 une salle de bains
une cuisine
une chambre
une pièce
un appartement
une maison
une salle à manger
un étage

17 téléphoner | écouter
discuter | raconter

18 Emma raconte son idée à Manon.
Manon écoute sa sœur.
Les filles discutent l'idée.
Manon: Alors, tu téléphones à Mme Leclerc, Emma?
– D'accord.

19 visiter | rester
habiter | quitter

20 La famille Carbonne habite rue Richard Lenoir. Les parents visitent des appartements à Paris et en banlieue.
M. Carbonne: Nous quittons l'appartement dans trois mois.
Emma: Non, nous restons ici, avec les copains et les copines.

21 un = 1, dix = 10, six = 6, cinq = 5, deux = 2, huit = 8,
neuf = 9, sept = 7, trois = 3, quatre = 4

22
1. M. et Mme Carbonne rêvent d'un appartement de dix pièces. – falsch
2. Un jour, ils trouvent une maison à Montrouge. – richtig
3. Dans la maison, il y a deux cuisines. – falsch
4. Les enfants sont en colère. – richtig
5. Valentin appelle la propriétaire de la maison. – falsch
6. Les enfants trouvent sur Internet un appartement de cinq pièces dans le quartier. – richtig

23 Dans trois mois, on quitte l'appartement. – Mais on aime le quartier, le collège, les copains. – Ecoutez, les enfants: La maison à Montrouge est super. Il y a une chambre pour Emma et une chambre pour Manon. C'est bien, non? – Un appartement de cinq pièces, d'accord, mais Montrouge: non, merci! – Il y a des appartements de cinq pièces dans le quartier? – Eh ben, on regarde les annonces sur Internet.

24 Allô, madame Leclerc? C'est Emma Carbonne, je téléphone pour la maison. – Emma Carbonne? Ah, oui, la famille Carbonne. Tes parents aiment ma maison. – Oui, mais il y a une question: Mon chien, c'est un doberman et j'aime la guitare électrique. C'est un problème pour vous? – Quelle horreur! On aime le silence à Montrouge. Les Carbonne dans ma maison, c'est non!

25 App. A
1. 3. Stock
2. 4 Schlafzimmer
3. Miete: 2600 €

App. B
1. 1. Stock
2. 3 Schlafzimmer
3. Miete: 1763 €

Übersetzung:

Wohnung A

6-Zimmer-Wohnung, 75012 Paris, 2600 €, 149 m², Nähe Gare de Lyon, in Haus mit schöner Naturstein-Fassade, 3. Stock, Flur, Wohnzimmer, Küche, 4 Schlafzimmer, 2 Badezimmer, WC, Kellerraum. Zur Besichtigung: Tel. 01 42 47 00 24

Wohnung B

5-Zimmer-Wohnung
75012 Paris
1763 €
107 m² Avenue Ledru Rollin, in Haus mit Naturstein-Fassade, 1. Stock mit Fahrstuhl, bestehend aus Flur, großem Wohnzimmer, 3 Schlafzimmern, Badezimmer, WC, Küche. Komplett renoviert. Sofort frei.
Tel. 01 58 56 44 44

Plattform 1 (Lektion 1 – 3)

1 «Anne Frank», c'est le nom d'un collège à Paris.
Christian trouve des copains et des copines à «Anne Frank».
Christian: Emma est une fille sympa.
Manon est la sœur d'Emma.
Les filles sont contre l'idée d'une maison à Montrouge.
Emma appelle la propriétaire.
D'abord, les parents Carbonne sont en colère.
Mais maintenant, la famille cherche un appartement de cinq pièces dans le quartier.

2 ramassent: ramasser – es: être – regardez: regarder – joue: jouer – sont: être – cherchons: chercher – aimes: aimer – trouvez: trouver – suis: être – entre: entrer

3
1. Christian et Malika aiment la nature. Ils sont sur un banc dans le square Trousseau.
Malika: Tu ramasses des papiers avec moi?
Christian: Je suis d'accord.

2. *Malika:* Maintenant, tu dessines une affiche pour le square?
Christian: Zut! Le bloc à dessin est vide.
Malika: Viens, il y a une papeterie dans le quartier. On trouve tout pour le dessin. – Ils entrent dans le magasin.
Christian: Bonjour, madame, nous cherchons un bloc à dessin et aussi des crayons.
Mme Rollin: Ah! Vous êtes des artistes!
Alors, vous regardez sur l'étagère. Devant les blocs, vous trouvez aussi des gommes et des crayons.
Les enfants: Merci, madame.

4

un garçon	ein Junge	une fille	ein Mädchen
un frère	ein Bruder	une sœur	eine Schwester
un mari	ein Ehemann	une femme	eine Ehefrau
un copain	ein Freund	une copine	eine Freundin
un voisin	ein Nachbar	une voisine	eine Nachbarin
un propriétaire	ein Eigentümer	une propriétaire	eine Eigentümerin
un professeur	ein Lehrer	un professeur	eine Lehrerin
un enfant	ein Kind	les parents	die Eltern

5

aimer	écouter	quitter	rester
chercher	entrer	raconter	rêver
coller	jouer	ramasser	sonner
dessiner	marquer	regarder	trouver
discuter	poser	respecter	visiter

6

1. Tu t'appelles comment?
2. Qui est Valentin?
3. Que fait Valentin?
4. Qu'est-ce que c'est?
5. C'est où, la maison de Mme Leclerc?
6. Emma est pour la maison à Montrouge?

7

Les parents d'Emma rêvent de cinq pièces.
Emma trouve une idée. Elle téléphone à Montrouge.
Les parents sont en colère, mais son frère cherche déjà des appartements à Paris sur Internet.

8

Christian habite à Paris maintenant. Il trouve des copains et des copines dans sa classe. Malika est une fille sympa. Elle aime la nature et ramasse des papiers. Christian dessine une affiche pour elle. Emma est une copine de Malika. Les filles cherchent un texte sur Paris pour Christian.

9

Emma, Malika et Christian habitent à Paris.
Ils aiment le quartier et les copains.
Mais les parents d'Emma rêvent de cinq pièces.
Ils trouvent une maison à Montrouge.
Emma et Manon sont en colère:
Nous restons / On reste à Paris!

10

Bild 1: Qu'est-ce que c'est? – C'est une affiche. C'est pour la nature. / Christian dessine une affiche pour la nature.
Bild 2: Malika colle l'affiche.
Bild 3: Mme Bertaud regarde l'affiche. / Tout le monde regarde l'affiche.
Bild 4: Les copains et les copines / Les enfants ramassent des papiers et des bouteilles dans le square Trousseau.

LEKTION 4

1

au téléphone
à l'ordinateur
à la porte
au square
à l'école
aux W.-C.

2

du frère
des parents
du chat
de l'appartement
de la famille
des copains
de la propriétaire

3

tu fais
Je fais
ils font
Ils font
Que fait Christian
Il fait
vous faites
Nous faisons

4

vous faites | il fait
je fais | nous faisons
elles font | tu fais

5

Tu as
j'ai
il y a
ils ont
Vous avez
Nous avons

6

nous avons | ils ont
elles ont | tu as
j'ai | vous avez | il a

7

je suis	j'ai	je fais
tu es	tu as	tu fais
il est	elle a	on fait
nous sommes	nous avons	nous faisons
vous êtes	vous avez	vous faites
elles sont	ils ont	elles font

8

a) tu es, tu as
b) vous êtes, vous faites
c) elles sont, ils ont, elles font

9
Christian Beckmann n'est pas de Paris.
Il ne dessine pas Malika.
Il ne cherche pas la papeterie de Mme Rollin.
Manon ne téléphone pas à Mme Leclerc.
Elle n'aime pas Montrouge.
Manon n'est pas la sœur de Christian.

10
1. Tu ne trouves pas la papeterie?
2. La papeterie n'est pas derrière l'école / le collège.
3. Amandine n'est pas le chat de Thomas?
4. Non, elle n'aime pas le garçon.
5. Nous ne quittons pas Paris?
6. Non, mais nous ne restons pas dans l'appartement.

11
Je ne suis pas au collège.
Tu fais une affiche pour Malika.
Elle n'a pas l'adresse.
Nous ne sommes pas de Paris.
Vous faites des photos au square.
Elles ont un texte sur Berlin.

12

la danse	l'escalade
le théâtre	le piano
le foot	la natation
le dessin	le roller

13

faire de la danse	faire de l'escalade
faire du théâtre	faire du piano
faire du foot	faire de la natation
faire du dessin	faire du roller

Antwort z. B.: Moi, je fais de l'escalade.

14

aimer	avoir peur
adorer	crier
avoir envie	être en colère

15
onze, douze, treize, quatorze, quinze, seize

16

quinze	quatorze
vingt-deux	vingt-trois
trente	vingt-quatre

17

1. Le mercredi après-midi, les élèves du groupe d'escalade sont dans le gymnase. – richtig
2. Thomas a envie de jouer au foot aujourd'hui. – falsch
3. Il fait souvent de l'escalade avec sa mère. – falsch
4. Thomas grimpe sans corde. – richtig
5. Il a peur. – richtig
6. Victor grimpe et attache Thomas. – falsch

18

Victor! On grimpe avec une corde! – Moi, je n'ai pas peur. – Mais tu écoutes le prof. – Je ne suis pas un nouveau. – Non, mais le prof, c'est moi. Tu restes avec moi ou tu quittes le groupe. – D'accord, monsieur. Je reste avec vous, monsieur.

19

Salut, Emma. Tu joues au foot avec nous? – Oui. J'aime l'escalade, mais aujourd'hui, le prof n'est pas là. – Et Victor et Thomas, ils arrivent aussi? – Non. Ils restent dans le gymnase. Ils font de la danse. – Ah bon? Ils aiment la danse? – Non, ils aiment une fille dans le groupe de danse. – Quelle horreur!

20

1. Der Schul-Sportverein bietet fünf verschiedene Sportarten an. – falsch
2. Basketball wird nur für Jungen angeboten. – falsch
3. Die Handballmannschaft besteht aus mehr als zwölf Spielern. – richtig
4. Insgesamt spielen neunzehn Spieler Tischtennis. – richtig
5. Dreizehn Tischtennisspieler sind bis ins Finale vorgedrungen. – falsch
6. Die Schüler der Tanzabteilung treffen sich am Mittwochnachmittag. – richtig

Übersetzung:

Der Sportverein des Collège Anne Frank bietet in diesem Jahr vier Freizeitaktivitäten an: Basketball, Tanzen, Handball und Tischtennis. Ihm gehören mehr als 85 Mitglieder an, Jungen und Mädchen. Die Schüler haben die Möglichkeit, an mehreren Aktivitäten teilzunehmen.
Im Basketball gibt es dieses Jahr je eine Gruppe für die Jüngsten sowie je eine Mini-Gruppe für Mädchen und Jungen.
Die Handball-Mannschaft, die zur Zeit an den Ausscheidungsspielen für den Bezirk teilnimmt und mehr als zwölf Spieler umfasst, steht gegenwärtig auf einem sehr guten Platz.

Im Tischtennis haben die neunzehn Mitglieder an den Ausscheidungswettkämpfen im Bezirk teilgenommen und drei von ihnen haben am Finale des Sektors teilgenommen.
In der Tanzabteilung treffen sich etwa zwanzig Schülerinnen und Schüler Mittwoch nachmittags, um eine Vorführung sowie die Wettkämpfe vorzubereiten, die später im Jahr stattfinden werden.

21

1. sechs
2. 3 €
3. ja

Übersetzung:
Sechs Kletterwände stehen für die Öffentlichkeit der Einzelnutzer zur Verfügung, davon drei draußen. [...] Um Zutritt zu diesen Anlagen zu erhalten, erwerben die Interessenten einen persönlichen Ausweis, der vor Ort ausgestellt wird, sowie einen Monats-Aufkleber, der gegen Vorlage eines Personalausweises, eines Fotos und einer Versicherungsbescheinigung zum Preis von 3 € verkauft wird.

22

A	B	C
1. 17 bis 22.30 Uhr	1. 12–14 Uhr, 18–22 Uhr	1. 18–22 Uhr
2. 8,50 m	2. 21,50 m	2. 7,50 m
3. Porte de Vanves	3. Porte de Clignancourt	3. Place des Fêtes

Übersetzung:

A. Sportzentrum Jules Noël
3, Avenue Maurice d'Ocagne; Metro-Haltestelle: Porte de Vanves
Nicht beleuchtete Außenwand – Höhe: 8,50 m
Allgemein zugänglich: wochentags von 17 bis 22 Uhr 30

B. Sportzentrum Poissonniers
2, rue Jean Cocteau; Metro-Haltestelle: Porte de Clignancourt
Außenwand – Höhe: 21,50 m
Allgemein zugänglich: wochentags von 12 bis 14 Uhr und von 18 bis 22 Uhr

C. Sportzentrum Lilas
5, rue des Lilas; Metro-Haltestelle: Place des Fêtes
Außenwand – Höhe: 7,50 m
Allgemein zugänglich: wochentags von 18 bis 22 Uhr

LEKTION 5

1 *Mme Carbonne:* Ramasse tes CD, Emma. Pose les bouteilles sur l'étagère. Cherche un carton pour les dessins.
Emma: Papa, maman, regardez. C'est bien maintenant, non?
Valentin: Emma, tu as ta flûte à la maison, hein? Faisons de la musique ensemble.
Mme Carbonne: Travaillez d'abord pour l'école, les enfants.

2 Tu vas où? – Moi, je vais au gymnase pour faire de l'escalade. Mais Christian et Malika vont au foot. – Nous allons toujours au foot. Aujourd'hui, on fait de l'escalade. Vous allez sur le mur? – Oui. – Super! On va avec toi.

3 Vous allez au square? – Non. On va chez Christian pour regarder ses photos de Berlin. – Mais d'abord, tu vas à la papeterie pour des cahiers. – D'accord. Je vais chez Mme Rollin. Tu as cinq euros pour moi?

4

notre appartement	leurs appartements
nos copains	votre maison
Vos copains	notre quartier

5 ein Besitzer

Nomen im Singular:	maskulinum:	femininum:
	mon voisin	ma voisine
	ton voisin	ta voisine
	son voisin	sa voisine
Nomen im Plural:	maskulinum, femininum:	
	mes voisins/voisines	
	tes voisins/voisines	
	ses voisins/voisines	

mehrere Besitzer

Nomen im Singular:	maskulinum, femininum:
	notre voisin/voisine
	votre voisin/voisine
	leur voisin/voisine
Nomen im Plural:	maskulinum, femininum:
	nos voisins/voisines
	vos voisins/voisines
	leurs voisins/voisines

6 Mme Carbonne discute avec sa voisine:
«Mes enfants ont leurs copains ici.»
La voisine: «Ecoutez vos enfants.»

7
1. Quand est-ce que Malika va au square Trousseau?
2. Est-ce qu'elle ramasse des papiers?
3. Qu'est-ce que Christian cherche à la papeterie?
4. Pourquoi est-ce qu'il dessine une affiche?
5. Où est-ce que les copains collent les affiches?
6. Comment est-ce que vous respectez la nature?

8
1. Pourquoi est-ce qu'Emma ne veut pas quitter Paris?
2. Qu'est-ce que les Carbonne cherchent dans le quartier?
3. Où est-ce qu'ils regardent les annonces?
4. Qu'est-ce qu'Emma aime au collège?
5. Quand est-ce qu'Emma fait de l'escalade?
6. Comment est-ce qu'elle trouve le prof?

9
1. Où est-ce que Mme Leclerc habite?
2. Quand est-ce qu'Emma discute avec Mme Leclerc?
3. Comment est-ce que Mme Leclerc trouve la musique rock?
4. Pourquoi est-ce que M. Carbonne est en colère?
5. Qu'est-ce que les enfants trouvent sur Internet?

10

10.00	Il est dix heures.
9.45	Il est dix heures moins le quart.
11.30	Il est onze heures et demie.
2.15	Il est deux heures et quart.
11.45	Il est midi moins le quart.
6.30	Il est six heures et demie.

11 le bus; le métro; le roller;
le taxi; la voiture

12

aller	quitter
arriver	tourner
grimper	traverser
monter	

13
1. Thomas monte dans un taxi.
2. Le taxi arrive devant le Louvre.
3. Emma grimpe dans un bus.
4. Elle quitte le bus devant la tour Eiffel.

14

d'abord	–	zuerst
après	–	danach
enfin	–	schließlich, endlich
maintenant	–	jetzt
tout à coup	–	plötzlich
souvent	–	oft
encore	–	noch
déjà	–	schon

15
Il est déjà quatre heures, mais Adrien n'est pas encore là.
Thomas: «Il arrive souvent après les copains.»
Enfin, Adrien arrive: «Alors, on a l'après-midi. Qu'est-ce qu'on fait maintenant/d'abord?»
Emma: «D'abord/Maintenant, on cherche le CD pour Christian. Après, on va au cinéma. D'accord?»

16

à	–	in	devant	–	vor (örtlich)
avec	–	mit	en	–	verschiedene Bedeutungen, z.B.: „in“
chez	–	bei	pour	–	für
dans	–	in	sans	–	ohne
de	–	von/aus	sous	–	unter
derrière	–	hinter	sur	–	auf/über

17
Christian est de Berlin, mais il est à Paris maintenant. Aujourd'hui, il est sur un banc dans le square et il regarde une BD en allemand. Après, il cherche un bloc à dessin chez Mme Rollin et il dessine une affiche pour la nature. A cinq heures, il a rendez-vous avec ses copains. Ils vont à la tour Eiffel.

18
1. Les copains sont dans une papeterie sur la place de la Bastille. – falsch
2. Le voleur vole le porte-monnaie de Mme Salomon. – richtig
3. Le voleur grimpe dans un taxi. – falsch
4. Emma et Adrien montent dans un taxi pour attraper le voleur. – richtig

5. Au Louvre, le voleur vole un portable à un touriste. – richtig
6. Devant la tour Eiffel, le voleur vole une voiture. – falsch
7. Emma et Adrien téléphonent à la police. – falsch
8. Deux policiers arrivent et arrêtent le voleur. – richtig

19 Regardez, un voleur! Au secours! – Il a le porte-monnaie de Mme Salomon. – Qu'est-ce qu'on fait? – Vous restez ici, avec Mme Salomon. Moi, j'attrape le voleur avec Adrien. – Regarde, Emma. Le voleur monte dans un bus. – Là, il y a un taxi. Faites vite. – Tu as ton portable? – Oui, oui. Pas de problème.

20 Adrien, le cousin d'Emma, est cuisinier. Il travaille dans un restaurant à la Défense, mais aujourd'hui, samedi, il ne travaille pas. Il a rendez-vous avec Emma et ses copains au Forum. Ils vont dans une librairie. Adrien regarde des livres de cuisine pour trouver des idées pour le restaurant. Mais il aime aussi les BD et les livres sur le sport. «La librairie est super, Emma!» Il rêve d'un restaurant avec une librairie – dans dix ans?

21
1. Der Triumphbogen und der Eiffelturm sind täglich geöffnet. – richtig
2. Der Louvre ist täglich geöffnet. – falsch
3. Den Triumphbogen kann man im Sommer abends bis 24 Uhr besichtigen. – falsch
4. Der Louvre macht schon um 18 Uhr zu. – richtig
5. Wer mit dem Fahrstuhl bis zum höchsten Stockwerk des Eiffelturms fahren will, muss mehr als 10 € bezahlen. – richtig
6. Wer das Museum im Triumphbogen besuchen möchte, sollte 60 Minuten dafür einplanen. – falsch

Übersetzung:

Triumphbogen
Denkmal
Geöffnet: Montag, Dienstag, Mittwoch, Donnerstag, Freitag, Samstag, Sonntag
Öffnungszeiten:
Vom 1. Oktober bis 31. März: 10–22.30 Uhr
Vom 1. April bis 30. September: 10–23 Uhr
Freie Besichtigung (ohne Führung): Ausstellungsraum des Museums mit Stichen und Fotos, die die wesentlichen Ereignisse des Triumphbogens darstellen. Ungefähre Dauer der Besichtigung: 45 Minuten.

Eiffelturm
Denkmal
Geöffnet: Montag, Dienstag, Mittwoch, Donnerstag, Freitag, Samstag, Sonntag
Auffahrt mit Fahrstuhl:
1. Januar bis 13. Juni und 31. August bis 31. Dezember: 9.30 bis 23 Uhr;
Vom 14. Juni bis 30. August: 9 Uhr bis Mitternacht.
Vollgebühr: Fahrstuhl: 1. Stockwerk: 4 €; 2. Stockwerk: 7,30 €;
3. Stockwerk: 10,40 €

Louvre-Museum
Museum
Geöffnet: Montag, Mittwoch, Donnerstag, Freitag, Samstag, Sonntag
Öffnungszeiten: 9 – 18 Uhr
Kostenloser Eintritt für Jugendliche und Kinder: Eintrittsbefreiung bis 18 Jahre.

22 „Steckbrief" des Eiffelturms
„Geburtstag": 31. März 1889
Bauzeit: 1887-1889 (2 Jahre, 2 Monate und 5 Tage)
Anzahl der Metallteile: 18 038
Gesamtgewicht: 10 100 Tonnen
Höhe: 324 Meter
Anzahl der Besucher seit Fertigstellung: 210 485 130
Zahl der Stufen: 1665
Eigentümer: Stadt Paris

Übersetzung:

Geburtstag: 31. März 1889 (Hissen der Fahne auf der Turmspitze), errichtet für die Weltausstellung zum hundertjährigen Jubiläum der Französischen Revolution; Alter: 117 Jahre (2006); Bauunternehmer: Gustave Eiffel Cie; Ingenieure: Maurice Koechlin & Emilie Nougier; Architekt: Stephen Sauvestre; Vorstudien: Beginn 1884; Errichtung: 1887 – 1889 (2 Jahre, 2 Monate und 5 Tage); Bestandteile: 18 038 Metallteile, 2 500 000 Nieten; Gewicht des Metallgerüsts: 7 300 Tonnen; Gesamtgewicht: 10 100 Tonnen; Höhe: 324 m (Höhe mit Antenne); Geographische Lage: 48° 51' 32" nördlicher Breite, 002° 17' 45" östlicher Länge; Besucherzahl bis zum 31. Dezember 2003: 210 485 130; Besonderes Kennzeichen: weltweit bekannt; Anzahl der Stufen: 1665; Eigentümer: Stadt Paris

LEKTION 6

1 Samedi, je vais faire du roller avec Christian.
Nous allons traverser Paris.
Mes parents vont aller au restaurant.
Mon frère va rester à la maison.
Et toi? Qu'est-ce que tu vas faire samedi?
Adrien et toi, vous allez regarder un film au cinéma ensemble?

2 Mercredi après-midi, Thomas va jouer au foot.
Emma va faire de l'escalade.
Manon et Valentin vont écouter de la musique.
Adrien ne va pas travailler au restaurant.
Il va visiter Paris.
Un voleur va voler son portable.

3 Thomas ne joue plus au foot.
Amandine ne va jamais au restaurant.
Les enfants n'aiment rien à Montrouge.
Christian n'habite plus à Berlin.
Valentin ne travaille jamais pour l'école.

4 Tu n'es jamais là.
Mes livres ne sont plus là.
Je ne trouve rien dans ta chambre.

5

mit jemandem sprechen	–	parler à quelqu'un
jemandem etwas erzählen	–	raconter quelque chose à quelqu'un
jemandem etwas geben	–	donner quelque chose à quelqu'un
jemandem helfen	–	aider quelqu'un
mit jemandem telefonieren/ jemanden anrufen	–	téléphoner à quelqu'un
jemanden etwas fragen	–	demander quelque chose à quelqu'un

6 Malika donne le bloc à dessin à Christian.
Mme Carbonne téléphone à la propriétaire.
(A cinq heures) les enfants racontent l'histoire à la police (à cinq heures).

7 (Est-ce que) Tu veux aujourd'hui?
Oui, je veux.
Vous pouvez demain?
Nous pouvons demain.
Et ton frère?
Il peut et il veut.

8 vous savez | elle sait
elles savent | tu sais
je sais | nous savons

9 *Le réalisateur:* Vous savez, Matou, ce sont des croquettes pour chats.
Mme Salomon: Je sais. J'ai un chat.
Le réalisateur: Et votre chat sait bien jouer?
Mme Salomon: Mon chat et moi, nous savons jouer, on aime ça.
Le réalisateur: Alors, à demain!

10 Les Carbonne veulent trouver un appartement de cinq pièces.
Emma: Nous ne voulons pas quitter le quartier.
Mme Carbonne: Je sais.
Emma: Nous pouvons chercher sur Internet.
Mme Carbonne: Tu veux regarder maintenant?
Emma: Je ne peux pas faire ça aujourd'hui.
Emma: Je veux travailler pour l'école.

11
un acteur	un médecin
une actrice	un policier
un cuisinier	un professeur
un dessinateur	un réalisateur

12 actrice
dessinateur
policier
cuisinier

13 son ordinateur – son portable – la caméra – la télévision

14

une chambre	–	un lit
une cuisine	–	une assiette
une librairie	–	un livre
un magasin	–	une caisse
un mur d'escalade	–	une corde
une papeterie	–	un bloc à dessin
un square	–	un banc
un studio	–	une caméra

15

chercher	–	trouver	rester	–	bouger
jouer	–	travailler	savoir	–	oublier

16

aimer	–	adorer	grimper	–	monter
parler	–	discuter	attraper	–	arrêter

17

trois	–	trente
quatre	–	quarante
cinq	–	cinquante
six	–	soixante

18

trente-six	soixante-six
quarante-cinq	quarante-neuf
soixante	quarante et un

19

1. Mme Salomon travaille comme actrice. – richtig
2. Elle fait une publicité pour la radio. – falsch
3. Les enfants vont au studio avec elle. – richtig
4. Au studio, Mme Salomon oublie son texte. – falsch
5. Son chat Filou ne veut pas bouger. – richtig
6. Malika peut aider le réalisateur. – falsch
7. Amandine joue le rôle du chat pour la publicité. – richtig
8. Mais Amandine n'aime pas les croquettes. – falsch

20

Mme Salomon! Pourquoi est-ce que vous criez «Au voleur!» – C'est pour une publicité. – Une publicité? – Oui, Filou et moi, nous jouons dans une scène pour des croquettes. – Vous êtes actrice? – Oui. Vous voulez aller au studio avec moi? – Ah oui. C'est super comme idée!

21 Le réalisateur est en colère. «Votre chat ne bouge pas, madame Salomon. Qu'est-ce qu'on va faire?» Emma: «J'ai un chat aussi.» Le réalisateur: «Mais est-ce qu'il va bouger, ton chat?» «Amandine adore les croquettes.» «Cherche ton chat, alors. Mais vite. Je ne peux pas tourner la scène vingt fois.» Mme Salomon trouve l'idée super. «Filou n'a plus envie de manger les croquettes.»

22
1. *Storyboard* ist eine Zeitschrift für Filmfreunde. – richtig
2. Im Abonnement kostet ein Heft 6 €. – falsch
3. Die *Banque populaire* möchte vor allem für einen Film werben. – falsch
4. Ihre Karte kann man ab 16 Jahren benutzen. – richtig
5. Das Produkt in Werbung C wendet sich an Menschen mit Hautproblemen. – richtig
6. Es enthält hochaktive Bakterien. – falsch

Übersetzung:

A) *Storyboard* – Von der Zeichnung zum Film – Die erste Zeitschrift, die sich der Welt des Storyboards widmet, zeigt das Kino aus einem ungewöhnlichen Blickwinkel: dem der Zeichnung. Abonnieren Sie! 4 Ausgaben – 1 Jahr – 20 €. Auch am Kiosk erhältlich: 6 € pro Ausgabe.
B) Die Bankkarte (ab 16 Jahren), die Ihre Kinoausgaben verringert. Wenn Sie mehr wissen wollen, legen Sie Ihr Kino-Abitur in einer Filiale der *Banque Populaire* ab und gewinnen Sie viele Preise. *Banque populaire* – die Bank, die zugleich Bank und volksnah/beliebt ist
C) Hautprobleme? Nehmen Sie Ihren Körper in die Hand! *Biactol Complet* Körper-Schaumgel – Das reinigende Körper-Schaumgel *Biactol Complet* ist mehr als ein Duschgel. Bei täglicher Verwendung beseitigt es unreine Stellen, reinigt die Poren in der Tiefe und bekämpft Bakterien. Ihre Haut ist sauber, rein und frisch. *Biactol* – Vertrauen Sie Ihre Haut einem Spezialisten an.

23 Sophie Marceau
Ursprünglicher Familienname: Maupu
Geburtstag: 17. November 1966
Jahr des Beginns der Karriere: 1980
Anzahl der Mitbewerber beim ersten Casting: 1 000
Name des Regisseurs: Claude Pinoteau
Name der ersten Rolle: Vic
Titel des Films: La Boum
Anzahl der Besucher: 4 500 000

Übersetzung:

Sophie Marceau, mit ihrem wahren Namen Maupu, erblickte am 17. November 1966 in Paris das Licht der Welt. 1980 ist sie eine unauffällige Schülerin der achten Klasse am Collège Curie in Gentilly und denkt überhaupt nicht an eine Filmkarriere. Sie sucht bloß nach einem Sommerjob, um ein bisschen Geld für die Ferien zu verdienen.

Mit ihren Eltern stolpert sie über eine Kleinanzeige, in der junge Mädchen für Aufnahmen in einer Casting-Agentur gesucht werden. Sie geht hin, ohne zu ahnen, was auf sie zukommt. Einige Zeit später sieht die Casting-Verantwortliche von Claude Pinoteau ihr Foto und schlägt ihr vor, an dem Casting teilzunehmen. Sophie geht mit ihrem Vater hin, ohne recht an den Erfolg zu glauben. Sie ist eine von 1000 Mädchen ihres Alters, die alle entschlossen sind, die Beste zu sein.

Sophie lässt sich nicht beeindrucken. Sie kommt als Dreiundvierzigste an die Reihe. Ihre Frische und Natürlichkeit kommen gut an, und sie wird einige Tage später zu einer Probe in Gegenwart des Regisseurs eingeladen. Die Probe fällt überzeugend aus und Claude Pinoteau gibt ihr die Rolle von Vic, einem jungen Mädchen, das seine ersten Liebesgefühle erlebt.

Auf Anraten ihrer Familie ändert Sophie ihren Namen und wählt unter den Namen von Straßen „Marceau“ aus, was ihr erlaubt, ihre Initialen zu behalten. Nach einem schwierigen Start ist „La Boum“ schließlich ein Erfolg (4 500 000 Zuschauer), der die Karriere der jungen Schauspielerin in Gang setzt.

Plattform 2 (Lektion 4–6)

1 1. arrêter – 2. bouger – 3. coller – 4. dessiner – 5. entrer – 6. faire – 7. grimper – 8. habiter – 9. inviter – 10. jouer – 11. monter – 12. oublier – 13. quitter – 14. ramasser – 15. savoir – 16. téléphoner – 17. visiter

1. les policiers arrêtent
2. le chat … ne veut plus bouger
3. les enfants collent
4. Christian dessine
5. Christian et Malika entrent
6. Emma fait
7. Thomas grimpe
8. il habite
9. Mme Salomon invite
10. Thomas ne joue pas
11. Emma et Adrien montent
12. Mme Salomon a peur d'oublier
13. Les enfants … ne veulent pas quitter
14. Malika ramasse
15. Le chat d'Emma sait
16. Emma téléphone
17. Les touristes visitent

2

j'attrape	je bouge	je discute	j'écoute
nous attrapons	nous bougeons	nous discutons	nous écoutons

3

Infinitiv	1. Person Sg.	2. Person Sg.	3. Person Sg.
aller	je vais	tu vas	il/elle va
avoir	j'ai	tu as	il/elle a
être	je suis	tu es	il/elle est
faire	je fais	tu fais	il/elle fait
pouvoir	je peux	tu peux	il/elle peut
savoir	je sais	tu sais	il/elle sait
vouloir	je veux	tu veux	il/elle veut
	1. Person Pl.	2. Person Pl.	3. Person Pl.
aller	nous allons	vous allez	ils/elles vont
avoir	nous avons	vous avez	ils/elles ont
être	nous sommes	vous êtes	ils/elles sont
faire	nous faisons	vous faites	ils/elles font
pouvoir	nous pouvons	vous pouvez	ils/elles peuvent
savoir	nous savons	vous savez	ils/elles savent
vouloir	nous voulons	vous voulez	ils/elles veulent

4

homme	–	femme
monsieur	–	(ma)dame
garçon	–	fille
mari	–	femme
père	–	mère

frère	–	sœur
cousin	–	cousine
copain	–	copine
voisin	–	voisine
acteur	–	actrice

5

une caméra	une machine
un dialogue	la musique
une guitare	une scène
une ligne	

6

un banc	une interview	une place
un étage	un numéro de téléphone	un rôle
un groupe	une photo	une star

7

„s" bleibt „s"	Plural auf „-x"	keine Pluralendung
des bus	des jeux	des BD
des fois	des nouveaux	des CD
des mois	des tableaux	des CDI
des paradis	des cadeaux	

8

âge	flûte
bibliothèque	médecin
colère	réalisateur
élève	téléphone
étagère	théâtre

9

[ɛ̃]	[ɑ̃]	[ɔ̃]
bien	danse	annonce
demain	encore	monter
grimper	manger	pardon
inviter	souvent	raconter

10 Mon cousin invite souvent des copains. Demain, ils ont rendez-vous sur les bancs devant l'Arc de Triomphe. Dimanche, ils vont faire de la danse dans un restaurant. Après, ils vont bien manger sans faire attention.

11

[z]	[s]
cousine	ensemble
cuisine	facile
gymnase	monsieur
magasin	salut
maison	situation
quinze	sympa
voisine	traverser

12

[ʒ]	[ʃ]
âge	attacher
aujourd'hui	chat
déjà	chien
gymnase	dimanche
image	gauche
manger	machine

13 Il est six heures. C'est l'heure du rendez-vous devant le cinéma. Mais où est Emma? Pourquoi est-ce qu'elle n'est pas encore là? Tout à coup, le portable de Christian sonne. C'est Emma. «Tu es où, Emma?» «Je suis dans le bus. On est dans un bouchon. Encore dix minutes et j'arrive.» A six heures et quart, les copains entrent dans la salle, sans Emma. Ils regardent la publicité. A six heures et demie, c'est le film. Et qui arrive? Emma. Enfin!

14 Mme Salomon est une voisine de la famille Carbonne. Elle est aussi la propriétaire de leur appartement. Mme Salomon travaille comme actrice. Elle fait une publicité pour la télévision. Mais elle a peur d'oublier son texte. C'est une publicité pour des croquettes. Son chat Filou joue le rôle du chat. Mais il n'aime pas les croquettes. C'est la chance pour Amandine, le chat d'Emma. Elle va être la star de la publicité.

15 A deux heures, je regarde des livres à la librairie.
A deux heures et demie, je vais à la caisse.
A trois heures et demie, je joue à l'ordinateur.
A quatre heures et quart, le téléphone sonne. Des copains veulent faire de l'escalade.
A cinq heures moins le quart, je monte dans le bus.
A cinq heures, j'arrive et on fait de l'escalade ensemble.

LEKTION 7

1

C'est un grand chat.
L'appartement est joli.
C'est un médecin sympa.
Le film est bizarre.
C'est un acteur allemand.
C'est un petit chien.

2

une petite maison
une grande librairie
une jolie photo
une bonne actrice
une maison blanche
une librairie allemande
une photo bizarre
une actrice française

3

des bonnes idées
des réponses bizarres
des grandes photos
des garçons sympas
des immeubles gris
les autres appartements
les bouteilles orange
les bancs verts

4

1. *Christian:* Voilà une BD allemande.
   Les images sont très jolies.
   Mais les dialogues ne sont pas faciles pour un Français.
2. Christian et Thomas sont des bons copains d'Emma.
   Elle a une petite sœur. Ses parents sont sympas. Mais ils ont des idées bizarres. Ils cherchent une grande maison en banlieue.

5

beaucoup de copains
une liste d'adresses
un carton de photos
trois pages de texte
trop de questions
peu d'idées

6

1. Adrien n'est pas un copain d'Emma.
2. Malika ne regarde pas de livres en allemand.
3. Le voleur ne vole pas de portable.
4. Derrière le taxi, il n'y a pas de bus.
5. Les touristes n'aiment pas les voleurs.

7

ils écrivent | j'écris
vous écrivez | écris
elle écrit | écrivons

8 (Est-ce que) Tu lis?
Non, je ne lis pas, j'écris.
Qu'est-ce que tu écris?
Ma copine et moi,
nous écrivons un dialogue en allemand.
Vous écrivez en allemand?
Oui, (est-ce que) tu veux lire le dialogue?

9

je prends	–	ich nehme
tu ouvres	–	du öffnest
elle boit	–	sie trinkt
nous ouvrons	–	wir öffnen
vous buvez	–	ihr trinkt
ils prennent	–	sie nehmen
prends	–	nimm!
buvons	–	trinken wir!
ouvrez	–	öffnet! / öffnen Sie!

10 Christian boit un verre d'eau.
Puis il ouvre le livre.
«Lis une histoire.»
«Je lis une phrase
et vous écrivez l'histoire.
Prenez vos crayons.»

11

die Großeltern	–	les grands-parents
die Großmutter	–	la grand-mère
Oma	–	mamie
Opa	–	papi
die Eltern	–	les parents
die Mutter	–	la mère
der Vater	–	le père
die (Ehe)Frau	–	la femme
der (Ehe)Mann	–	le mari
die Tante	–	la tante
der Onkel	–	l'oncle
die Schwester	–	la sœur
der Bruder	–	le frère
die Cousine	–	la cousine
der Cousin	–	le cousin

12 Léa est la grande sœur de Victor. Son oncle s'appelle Marc. Victor a aussi une tante, Isabelle. Le prénom de la grand-mère/mamie de Victor est Lili. Le mari de Lili s'appelle Bruno. Les grands-parents de Victor habitent à Rombly.

13

lundi	–	Montag
mardi	–	Dienstag
mercredi	–	Mittwoch
jeudi	–	Donnerstag
vendredi	–	Freitag
samedi	–	Samstag
dimanche	–	Sonntag

14

un animal	–	ein Tier
des animaux	–	Tiere
un chat	–	eine Katze
un chien	–	ein Hund
un coq	–	ein Hahn
un oiseau	–	ein Vogel
des oiseaux	–	Vögel
une poule	–	eine Henne
une vache	–	eine Kuh

15

1. chanter
2. crier
3. demander
4. discuter
5. parler
6. raconter
7. sonner
8. téléphoner

1. Victor et les oiseaux aiment chanter.
2. Le touriste crie …
3. Thomas demande à Adrien …
4. Il discute avec le prof.
5. Christian parle bien français et allemand.
6. Les copains racontent l'histoire …
7. Le téléphone sonne.
8. Emma téléphone à Mme Leclerc …

16

blanc	–	weiß	noir	–	schwarz
bleu	–	blau	orange	–	orange
gris	–	grau	rouge	–	rot
jaune	–	gelb	vert	–	grün
marron	–	braun			

17

des chemises blanches
une affiche bleue
des images grises
des oiseaux jaunes
une guitare marron
des pianos noirs
des robes orange
des crayons rouges
des arbres verts

18

1. C'est l'anniversaire de Lili, la grand-mère de Victor. – richtig
2. Elle a soixante-cinq ans. – falsch
3. La famille Bajot va à Rombly pour la fête. – richtig
4. Pour aller à Rombly, ils prennent la voiture. – falsch
5. La mère de Victor oublie le cadeau pour Lili. – falsch
6. Alors, Victor a une idée. – Il chante une chanson pour sa grand-mère. – richtig
7. Mais la grand-mère n'aime pas la chanson. – falsch
8. Deux jours après, elle peut avoir son vrai cadeau. – richtig

19

Qui prend le cadeau pour Mamie? – C'est moi. – D'accord. Mais attention. On va changer de train à Arras. – Pas de problème. Une heure plus tard, à la gare d'Arras: Mais où est le cadeau pour Mamie, Léa? – Zut, il est dans le TGV. Qu'est-ce qu'on va faire? – On n'a plus de cadeau. Où est-ce qu'on va trouver un autre cadeau? Tu as une idée, Victor?

20

Victor va au collège avec Emma. Il écoute souvent des CD, mais il écrit aussi des chansons. Il chante et il joue de la guitare et du piano. Les filles trouvent Victor très sympa. Emma aussi. Alors, Emma invite Victor à son anniversaire, mais la réponse de Victor est «non». Son groupe de rap joue le jour de la fête. Emma n' est pas contente.

21

1. Der Hund in Anzeige A ist schwarz-braun. – richtig
2. Er ist groß. – falsch
3. Der Kanarienvogel von Anzeige B ist in Versailles verschwunden. – falsch
4. Er ist orange und rot. – richtig
5. In Anzeige C wird ein schwarzer Kater gesucht. – richtig
6. Er ist fünf Jahre alt. – falsch

Übersetzung:

A) Datum des Verlusts: 06.05.; Hund verloren, kleines Yorkshire-Weibchen. Mit rosa Kleidchen und Leine, verloren am 5. Juni, Avenue des Gobelins, aus dem Hotel Le Brun weggelaufen; Geschlecht: weiblich; Farbe: schwarz/braun

B) Datum des Verlusts: 31.03.; orangefarbener Kanarienvogel, Vogel, beringter orangefarbener Kanarienvogel im 18. Stadtbezirk von Paris entflogen; Geschlecht: männlich; Farbe: orange/rot

C) Datum des Verlusts: 02.06.; schwarzer Kater verloren, am 02.06. in der rue Nicolai, Métro-Haltestelle Daumesnil, im 12. Stadtbezirk von Paris. Kater ist zierlich, europäisch aussehend, Tätowierung am rechten Ohr: DPR691. Er ist drei Jahre alt. Wenn Sie ihn sehen: (Telefon) 06.7164.71. – egal, zu welcher Zeit. Danke. Geschlecht: männlich; Farbe: schwarz

22 Einwohnerzahl: 43 566
Entfernung von Paris in km: 175
Reisedauer von Paris mit TGV: 50 Minuten
Entfernung Flughafen Lille: 30 Minuten
Internet-Adresse für Touristen: http://www.ot-arras.fr/
Bekannte Kinder der Stadt –
Erfinder der modernen Polizei: François Vidocq
Bürgermeister von 1945 bis 1975: Guy Mollet

Übersetzung:

Arras
Präfektur von Pas-de-Calais – Universitätsstadt – 43 566 Einwohner – sehr gut erschlossen: Paris 175 km, Lille 48; Autobahn A 26 Richtung Cambrai, Reims oder Calais – S.N.C.F. (Paris-Arras-Lille) TGV (Arras-Lyon) TGV nord: Paris in 50 Minuten Entfernung, Lille in 20 Minuten – Flughafen von Lille (Lesquin) in 30 Minuten Entfernung.
Verkehrsverein: Rathaus – Place des Héros (Heldenplatz), Tel. 03 21 51 26 95.
Internet-Adresse: http://www.ot-arras.fr/
Geburtsstadt von François Vidocq (geboren 1775), der der Erfinder der modernen Polizei war
... von Guy Mollet: Abgeordneter und Bürgermeister von Arras ohne Unterbrechung von 1945 bis 1975

LEKTION 8

1

ils vendent
vous entendez
tu vends
j'entends
il vend
nous entendons
Vends.

2

elle dit | nous disons
dis | ils disent | dites
tu dis | je dis | disons

3

Le professeur dit: Ecrivez.
Les élèves écrivent.
Dites la phrase en allemand.
Les élèves disent la phrase en allemand.
Lisez la phrase.
Les élèves lisent la phrase.
Mais Amandine n'écrit rien, ne dit rien, ne lit rien.

4

Nous achetons un cadeau.
Qui paie?
Je ne paie pas.
Vous payez.
Tu paies le cadeau et j'achète la carte.

5

vingt-sept plus quarante-six font soixante-treize;
cent moins cinq font quatre-vingt-quinze;
soixante-trois plus vingt-quatre font quatre-vingt-sept

6

1. manger
2. avoir faim
3. un gâteau
4. des frites
5. des croquettes
6. boire
7. l'eau
8. le coca
9. le champagne
10. une table
11. une assiette
12. un verre
13. une bouteille
14. une cuisine
15. une cantine
16. un restaurant

7

Elle habite dans un appartement dans une ville en France.
Elle habite dans une maison dans un village en France.
J'habite dans un appartement / une maison dans un village / une ville en Allemagne.

8

1. crier	5. expliquer
2. demander	6. parler
3. dire	7. raconter
4. discuter	8. répondre

1. Mme Bertaud est en colère. Elle crie: «Arrêtez maintenant!»
2. Christian demande à Julia: «On fait la bise?»
3. Malika regarde. Elle ne dit rien.
4. Victor discute avec ses copains allemands.
5. Christian explique les notes allemandes à ses copains français.
6. Christian est bilingue: Il parle allemand et français.
7. Après la semaine à Bruxelles, les enfants ont beaucoup de choses à raconter à leurs parents.
8. Et ils vont aussi répondre à leurs questions.

9

aimer	=	lieben, mögen
avoir peur	=	Angst haben
avoir envie	=	Lust haben
désirer	=	wünschen
être content	=	sich freuen, zufrieden sein
être en colère	=	wütend sein
rêver	=	träumen

10

1. Les élèves français et allemands vont à Bruxelles pour faire un livre bilingue. – falsch
2. Dans les groupes de travail, il y a des Allemands et des Français. – richtig
3. Mme Schmitt est en colère parce que des élèves allemands discutent toujours en allemand. – falsch
4. Christopher veut acheter une pellicule pour son appareil photo. – richtig
5. En Belgique, on dit septante pour dix-sept. – falsch
6. M. Boulay a faim et veut acheter des gâteaux. – falsch
7. Julia ne veut pas faire la bise à Christian. – richtig
8. Après une semaine avec les Allemands, Victor a toujours peur de parler allemand. – falsch

11

Alors, tu comprends les Allemands, Victor? – Non. Et puis, je parle allemand et ils rigolent. Ce n'est pas sympa. – Toi aussi, tu rigoles. – Le français des Allemands est trop drôle. Tu ne trouves pas? – Rigoler, c'est bien, mais vous n'oubliez pas de travailler, s'il vous plaît. – D'accord, madame, bien sûr, madame. – Tu as des photos pour le calendrier, Christopher? – Oui, regarde. – Elles sont super.

12 Les élèves allemands et français habitent dans une auberge de jeunesse à Bruxelles. Elle s'appelle «Jacques Brel». Le premier soir, ils mangent ensemble au restaurant de l'auberge. Pendant la semaine, ils travaillent dans des petits groupes. Dans les groupes, on parle français, allemand et anglais. On travaille pour le projet, mais on parle aussi de l'école et des professeurs.

13
1. Die Jugendherberge liegt im Stadtzentrum. – richtig
2. Sie organisiert Besichtigungen der Stadt. – richtig
3. Sie ist das ganze Jahr hindurch geöffnet. – falsch
4. Wer nicht mit fünf anderen in einem Zimmer sein will, muss 2 € mehr bezahlen. – richtig
5. Das Tagesgericht kostet 8, 25 €. – falsch
6. Morgens um 8 Uhr ist der Empfang noch nicht besetzt. – falsch

Übersetzung:

Wenn Sie sich in Brüssel an einem geselligen und internationalen Ort aufhalten wollen, dann kommen Sie in die Jugendherberge Jacques Brel. In der Stadtmitte gelegen, ist sie der ideale Ausgangspunkt, um Brüssel zu entdecken. Die Jugendherberge organisiert in Zusammenarbeit mit Vereinen thematische Stadtrundgänge, Konzerte und Aktivitäten.

Öffnungszeiten
02.01.–13.12.
Der Empfang ist von 7.30 Uhr bis 1 Uhr morgens geöffnet.

Einzeltarife
Standardzimmer (gemeinsamer Sanitärbereich): 6 Personen und mehr: 14,75 €
Komfortzimmer (eigener Sanitärbereich): 3 oder 4 Personen: 16,75 €

Mahlzeiten (Einheitspreis für alle)

Lunchpaket:	5,00 €	Menü mit Suppe:	8,25 €
Kaltes Mittagessen:	6,75 €	Menü mit Vorspeise:	9,25 €
Tagesgericht:	6,10 €		

14 Einzelpreis kleinstes Format: 0,29 €
Größtes angebotenes Format: 30x45 cm
Größe Foto auf T-Shirt: 24x18 cm
Preis eines T-Shirts mit Foto: 17,95 €
Herkunft T-Shirt: Europa
Dauer der Postzustellung Fotos: 2–4 Tage

Übersetzung:

Fotoabzüge
Format – tatsächliche Papiergröße – Preis
... ...

Ihr Foto wird im Format 24x18 cm auf ein Qualitäts-T-Shirt gedruckt (reine Baumwolle, europäische Herstellung). 17,95 €

Wann erhalte ich meine Bestellung?
Ihre Fotos werden in der Regel am Werktag nach Aufgabe der Bestellung entwickelt und mit der normalen Post verschickt. Die durchschnittliche Bearbeitungsdauer bei Postverschickung beträgt 2 bis 4 Werktage. Sie können den Stand der Bearbeitung Ihrer Bestellung jederzeit auf unserer Bestellstands-Seite online verfolgen.

Plattform 3 (Lektion 7–8)

1

à	–	in	derrière	–	hinter
après	–	nach	devant	–	vor (örtlich)
avec	–	mit	en	–	auf/in/mit
chez	–	bei	pendant	–	während
comme	–	als/wie	pour	–	für
contre	–	gegen	sans	–	ohne
dans	–	in	sous	–	unter
de	–	von/aus	sur	–	auf/über
depuis	–	seit			

2 Après l'école, Victor reste souvent à la maison pour faire de la musique. Il joue du piano depuis quatre ans. Mais Victor est aussi un peu comme les autres dans sa classe. Il joue au foot avec ses copains. Il est mauvais en allemand. Pendant les récréations, il aide ses copains avec leurs devoirs de français et d'espagnol. A Bruxelles, il joue de la guitare sur la place devant l'auberge, et il chante en allemand avec Julia, sa correspondante allemande.

3 Christopher demande au prof s'il peut chercher un magasin de photo, parce qu'il veut acheter «einen Film». Il a un petit problème dans le magasin, car il ne sait pas que le mot français n'est pas «film», mais «pellicule», et il ne sait pas que «caméra» n'est pas le mot français pour «Fotoapparat». La dame dans le magasin veut savoir si Christopher veut faire un film ou des photos.

4

d'abord	–	zuerst	tout de suite	–	sofort
après	–	danach	demain	–	morgen
puis	–	dann	souvent	–	oft
enfin	–	schließlich/endlich	toujours	–	immer
maintenant	–	jetzt	déjà	–	schon
aujourd'hui	–	heute	encore	–	noch/schon wieder

5 Il est déjà huit heures moins le quart!
Tu as encore dix minutes.
(Est-ce que) Tu as rendez-vous avec Adrien aujourd'hui?
Oui, mais d'abord, je vais travailler pour l'école.
Après, nous allons / on va aller au cinéma ensemble.

6

en bas	–	unten / nach unten
en haut	–	oben / nach oben
à droite	–	(nach) rechts
à gauche	–	(nach) links
ici	–	hier
là	–	da/dort

7

Bonjour, madame.	–	Guten Tag!
Salut, les copains.	–	Hallo Freunde!
Bonsoir.	–	Guten Abend!
Allô?	–	Hallo? / Ja bitte? (am Telefon)
Au revoir, monsieur.	–	Auf Wiedersehen!
Salut, les copains.	–	Tschüs, Freunde!
A bientôt!	–	Bis bald!

8

1. bienvenue
2. ça va
3. ça va bien
4. s'il vous plaît
5. s'il te plaît
6. merci
7. de rien
8. pardon

9

Viens.
Au secours.
D'accord.
Peut-être.
Bravo.
Bof.
Zut.

10 La fête de famille

La famille de Victor prend le train pour aller chez les grands-parents à la campagne. C'est pour l'anniversaire de la grand-mère. Puis, la sœur de Victor oublie leur cadeau dans le train. Mais Victor a une idée. Il écrit une chanson pour sa grand-mère. Il chante la chanson à la fête et sa grand-mère est très contente. Elle trouve que c'est un joli cadeau.

11 La rencontre franco-allemande

Les élèves français du collège Anne Frank vont à Bruxelles. Là, ils rencontrent des élèves allemands de Kassel. Leur projet: un calendrier bilingue. Les élèves travaillent dans des petits groupes. Des élèves allemands et français travaillent ensemble. D'abord, les élèves allemands veulent toujours parler anglais. Après deux jours, ils n'ont plus peur de parler français. Après une semaine, les professeurs et les élèves sont contents et disent: «Au revoir et à bientôt!»

12 L'album de photos

C'est Christian. Il est de Berlin, mais il habite à Paris maintenant. Il dessine beaucoup. Là, il dessine le square Trousseau.

C'est Emma avec sa sœur Manon et son frère Valentin. Leur appartement est petit, et les parents cherchent une maison. Mais les enfants veulent rester à Paris.

C'est Victor. Il aime la musique. Pour l'anniversaire de sa grand-mère, il écrit une chanson. Sa grand-mère est très contente.

C'est Malika. Elle aime la nature. Elle colle des affiches «Respectez la nature» dans le quartier. Elle ramasse aussi des papiers et des bouteilles au square Trousseau.

C'est Adrien. Il est de Genève. C'est le cousin d'Emma. Il travaille comme cuisinier dans un restaurant à la Défense.

C'est Mme Salomon. C'est une voisine. Elle est actrice et elle fait une publicité pour la télévision. C'est pour des croquettes. Elle fait la publicité avec Amandine, le chat d'Emma.